SERVICEHANDBUCH

Fachverlag von GastroSuisse
Edition spécialisée de GastroSuisse

IMPRESSUM

Herausgeber	GastroSuisse, Blumenfeldstrasse 20, 8046 Zürich
Gesamtverantwortung	Romeo Brodmann, Leiter Verlage GastroSuisse/Vizedirektor
Verantwortlicher Autor	Stephan Herter
	Inhalt aus dem Servicelehrbuch
	(ISBN 978-3-905834-07-9, édition gastronomique)
Lektorat	Stephan Herter (Inhalt), STIER UND BERGEN (Sprache)
Projektleitung	Sandra Hasler, Verantwortliche édition gastronomique
Grafische Gestaltung	James Communication AG, Mattenstrasse 1, 6343 Rotkreuz
Fotos	SLB Video, Basel
Druck und Ausrüstung	fgb Freiburger Graphische Betriebe, DE-Freiburg
Verlag und Vertrieb	édition gastronomique, Fachverlag von GastroSuisse,
	Blumenfeldstrasse 20, 8046 Zürich, Telefon 044 377 52 27,
	Fax 044 377 50 70, info@editiongastronomique.ch

Alle Rechte vorbehalten. Jegliche physische oder elektronische Vervielfältigung oder Bearbeitung von Texten und Bildern (auch auszugsweise), inkl. Aufschaltung auf Plattformen, ist ohne die schriftliche Genehmigung des Herausgebers nicht gestattet. Auszugsweise Zitate sind unter genauer Quellenangabe gestattet. Erlaubt sind sodann alle Verwendungen zum privaten Gebrauch sowie die durch das Gesetz im Rahmen des Unterrichts sowie der betriebsinternen Informationen und Dokumentationen erlaubten Nutzungen.

Anmerkung

Aus Gründen der besseren Lesbarkeit wird stellvertretend nur die männliche Form verwendet. Selbstverständlich gelten alle Aussagen für beide Geschlechter.

1. Auflage 2011
© 2011, édition gastronomique/GastroSuisse
ISBN 978-3-905834-03-1

VORWORT

«Man bekommt nie eine zweite Gelegenheit, einen ersten Eindruck zu hinterlassen», besagt ein englisches Sprichwort. Alle unsere Anstrengungen sind darauf ausgerichtet, unseren Gästen eine möglichst perfekte Dienstleistung zu erbringen. Damit hinterlassen wir immer einen bleibenden Eindruck, ob wir wollen oder nicht. Neben dem praktischen Können sowie der persönlichen Erscheinung all derer, die im direkten Kontakt mit dem Gast stehen, ist das umfangreiche Fachwissen eine zentrale Voraussetzung für einen kompetenten und umfassenden Service. Damit das Wichtigste an Informationen und Wissen jederzeit zur Verfügung steht – dafür ist dieses Büchlein gedacht.

Das Servicehandbuch ist die Essenz aus dem grossen Service-Lehrbuch, dem offiziellen Lehrmittel für die Servicefachangestellten. Der Inhalt von Gästebetreuung bis Verkauf, von Lebensmittel- und Getränkekunde bis zur Hygiene ist kompakt und benutzerfreundlich zusammengestellt und steht als Begleiter jederzeit bereit, den besten aller ersten Eindrücke zu hinterlassen. Ein grosses Dankeschön geht an Stephan Herter, der in aufwendiger Arbeit den Inhalt des Servicehandbuchs zusammengestellt und aufgearbeitet hat.

Romeo Brodmann

INHALT

VORWORT 3

RESTAURATION 7
1 Der Beruf 8
2 Servicearten 12
3 Serviceregeln 18
4 Verkauf 27
5 Wein 41
6 Bier 161
7 Aperitifs 169
8 Spirituosen 172
9 Mineralwasser 195
10 Tee 199
11 Kaffee 210
12 Zigarren 215

KÜCHE 221
1. Die klassische Speisefolge 222
2. Die moderne und aktuelle Speisefolge 224
3. Die Garmethoden 225
4. Kalte Gerichte 228
5. Suppen 234
6. Eierspeisen 240
7. Fisch 241
8. Krustentiere und Weichtiere 244
9. Mehlspeisen, Nudeln und Reis 245
10. Kartoffeln – Schnittarten 247
11. Schlachtfleisch 252
12. Nationalgerichte 257
13. Saucen 262
14. Süssspeisen/Desserts 268

HYGIENE 283
1. Hygienebereiche in der Gastronomie 284

FACHAUSDRÜCKE 289
1. Restaurationsfachausdrücke 290
2. Küchenfachausdrücke 294

REINIGUNG 299
1. Reinigung der wichtigsten Werkstoffe der Gastronomie 300

WÄHRUNG 305
1. Währungsrechnungen 306

WÖRTERVERZEICHNIS 309

RESTAURATION

1 DER BERUF

Es ist heute unumstritten, dass der Beruf einer Restaurationsfachfrau, eines Restaurationsfachmanns massgebend für den Ruf und das Image eines Hotels oder Restaurants verantwortlich ist.

Der Beruf verlangt heute mehr als nur Geschicklichkeit im Tellertragen oder das reine Wissen über Getränke und Speisen. Heute sind sie Berater und vor allem persönliche Gastgeber, welche ihre Gäste individuell betreuen und die Qualität des Wohlfühlens weitergeben können. Somit sind alte Tugenden wie der aufmerksame Verkauf mit dem Anpreisen von Speisen und Getränken, der zuverlässigen Gästebetreuung am Tisch mit Sprachgewandtheit und Höflichkeit, dem guten Gedächtnis und der Gabe, Tische formvollendet aufzudecken, gepaart mit psychologischem Einfühlungsvermögen.

Gefordert werden aber auch absolute Sauberkeit im Umgang mit Materialien, Lebensmitteln und auch der eigenen Wäsche, Kleidung und des tadellosen Schuhwerks. Zudem ist penibel auf die Körperpflege von Kopf bis Fuss und die Körperhygiene zu achten. Voraussetzung eines aufmerksamen Verkaufs sind gute Kenntnisse über Speisen und Getränke und die Fähigkeit, Speisen sowie Getränke auch am Tische zuzubereiten. Das Flambieren von Fleisch oder Süssspeisen, das fachgerechte Zerlegen von Geflügel und Fisch, das Fertigstellen von Spezialitäten wie Tatar sind ebenso Bestandteile wie das Zubereiten von Longdrinks und Cocktails.

1.1 WEITERBILDUNG

Bereichsleiter/in Restauration mit eidg. Fachausweis

Nach dreijähriger Tätigkeit als gelernte/r Restaurationsfachfrau/mann kann die eidg. Berufsprüfung absolviert werden. Neben theoretischen Fächern wird vor allem eine intensive praktische Prüfung abgelegt. Nach bestandener Prüfung darf man den Titel «RestaurationsleiterIn mit eidg. Fachausweis» tragen.

Leiter/in Restauration mit eidg. dipl.

Nach bestandener höherer Fachprüfung ist man berechtigt, den geschützten Titel zu tragen.

Eidg. dipl. Hôtelier/Restaurateur HF

Nach bestandener höherer Fachprüfung an einer schweizerischen Hotelfachschule ist man berechtigt, diesen Titel zu tragen.

10 Der Beruf

Höhere Berufsbildung

Höhere Fachprüfungen
eidg. dipl.
- Küchenchef/-in
- Leiter/-in Restauration
- Leiter/-in Hotellerie-Hauswirtschaft
- Restaurateur/Restauratrice
- Leiter/-in Gemeinschaftsgastronomie

Berufsprüfung
eidg. FA
- Chefkoch/-köchin
- Bereichsleiter/-in Restauration
- Bereichsleiter/-in Hotellerie-Hauswirtschaft
- Chef/-fe de Réception
- Gastro-Betriebsleiter/-in

Nachdiplomstudium (NDS)
- Hotelmanager HF – NDS

Höhere Fachschulen (HF)
- dipl. Restauratrice-Hôtelière HF / dipl. Restaurateur-Hôtelier HF

Berufliche Grundbildung

Zweit-/Zusatzlehre

Zweijährige Grundbildung
mit eidg. Berufsattest EBA
- Küchenangestellte/r
- Restaurationsangestellte/r
- Hotellerieangestellte/r

Dreijährige Grundbildung
- Koch/Köchin
- Restaurationsfachmann/-frau
- Hotelfachmann/-frau
- Kaufmann/-frau Hotel-Gastro-Tourismus HGT

Obligatorische Schulzeit

——— direkter Zugang   ------- Zusatzqualifikationen erforderlich

Hochschulstufe

Fachhochschulen (FH)

- Etudes postgrades HES en management de l'hôtellerie et des professions de l'acueill/ MBA in International Hospitality Management

- Economiste d'entreprise HES en hôtellerie et professions de l'accueil/Bachelor of Science in International Hospitality Management

Universitäten

▶ eidg. Technische Hochschulen (ETHZ/EPFL)

Tertiär-Stufe

Berufsmaturität

Gymnasiale Maturität

mit eidg. Fähigkeitszeugnis EFZ

Allgemeinbildende Schulen

Sek-Stufe II

Sek-Stufe I

Oktober 10

2 SERVICEARTEN

Die Wahl der Serviceart wird von Betrieb zu Betrieb individuell festgelegt. Hier spielen verschiedene Faktoren wie Gästestruktur, Speiseangebot, Platz, Infrastruktur, Anlassart usw. eine wichtige Rolle. Obwohl heute in der schnelllebigen Zeit meist auf den Tellerservice gesetzt wird, sind auch noch andere Servicearten vertreten.

Tellerservice

In der Küche werden die Speisen auf den Tellern angerichtet. Eignet sich für einfache bis luxuriöse Restaurants. Luxuriöse Restaurants servieren die Tellergerichte oft mit Clochen. Alle Speisegänge sind dazu geeignet.

Plattenservice

Die Serviceart, Speisen im À-la-carte-Restaurant zu servieren, galt lange als die gepflegteste. Zuerst werden die kalten oder warmen Teller beim Gast von rechts eingesetzt. Anschliessend wird von links mit dem Zangengriff auf den Teller geschöpft. Heute noch geeignet für Bankette oder Nachservice von Beilagen und Gemüse.

Guéridonservice

Bei dieser Serviceart wird zuerst der Guéridon (Beistell-, Service- oder Anrichtetisch) vorbereitet. Die auf Platten angerichteten Speisen werden den Gästen zuerst gezeigt. Die Platten werden danach auf den Guéridon gestellt und mit beiden Händen auf den vorbereiteten kalten oder heissen Tellern angerichtet. Für warme Speisen immer Rechauds verwenden. Die angerichteten Teller werden von rechts eingesetzt und für den Nachservice werden immer frische heisse oder kalte Teller verwendet. Geeignet für einen luxuriösen, eleganten À-la-carte-Service oder kleine Bankette.

Französischer Service

Beim französischen Service werden zuerst die kalten oder warmen Teller eingesetzt. Anschliessend werden die Speisen dem Gast von links angeboten. Der Gast schöpft sich die Speisen selber. Auch ist es möglich, die Platten mitten auf den Tisch zu stellen. Geeignet für die asiatische Küche oder diverse Fondue-Spezialitäten.

Voitureservice

Dem Gast wird ein Tagesgericht oder eine Spezialität vom fahrbaren, evtl. beheizten Wagen direkt am Tisch serviert. Heute mehrheitlich für Käse, Süssspeisen, Aperitife und Spirituosen eingesetzt.

Buffetservice

Bei diesem Service werden den Gästen Speisen bedient oder unbedient (Selbstbedienung) auf einem Buffet angeboten. Jeder Gast kann sich seine Speisen in Menge und Auswahl selber zusammenstellen. Geeignet für grössere Bankette, Gemeinschaftsverpflegung, Frühstück, Desserts usw.

2.1 SERVICEABLÄUFE

Während eines Serviceablaufs werden unterschiedliche Servicearten angewendet.

À-la-carte-Service

Die Gäste wählen frei aus dem Speiseangebot aus. Dies kann zusätzlich mit Tagesmenüs oder Empfehlungen ergänzt werden. Geeignet für fast alle Restaurants.

Table-d'hôte-Service

Der Zeitpunkt und das Menü sind für alle Gäste vorbestimmt, obwohl sie keiner geschlossenen Gesellschaft angehören. Geeignet mehrheitlich für Hotelgäste mit Halbpension/Vollpension, Spezialanlässe wie Silvestermenü usw.

À-part-Service

Beim À-part-Service wird den Gästen unabhängig voneinander und zu nicht festgelegten Zeiten das gleiche Menü serviert. Geeignet für Hotel mit Halbpension/Vollpension, Mittagsmenüs usw.

Bankett-Service

Mit wenigen Ausnahmen sind beim Bankett-Service sowohl das Menü, der Zeitpunkt und auch die Räumlichkeiten fest vorgegeben. Hier wird oft von einer geschlossenen Gesellschaft gesprochen. Geeignet für Geburtstage, Hochzeiten, Familienfeiern usw.

Etagenservice

Beim Etagenservice wird dem Gast das gewünschte Essen im Zimmer serviert. Dies erfolgt meist auf Plateaus oder auf dem Servicewagen. Meist angeboten in Erstklass- und Luxushotellerie rund um die Uhr gegen entsprechendes Entgeld. Geeignet für Frühstück, Mittagessen, Abendessen.

Catering-Service (Hauslieferung/Traiteurservice)

Ist ein Bankett-Service an einem vom Gast gewünschten Ort ausserhalb des Betriebs. Je nach Anlasswunsch werden nicht nur die Lebensmittel, sondern auch das gesamte Table-Top und teilweise sogar die gesamte Einrichtung an den gewünschten Ort geliefert. Geeignet für Firmenanlässe, Partys und Aperitifs.

2.2 FRÜHSTÜCKSSERVICE

Das Frühstück ist die erste Mahlzeit des Tages. In der internationalen Hotellerie haben sich vier Frühstücksarten durchgesetzt.

Kontinentales Frühstück

Ist das gebräuchlichste Frühstück und wird oft als «Schweizer Frühstück», «Petit déjeuner» oder als «Complet» bezeichnet. Es beinhaltet üblicherweise:

Heissgetränke: Kaffee, Tee, Milch, Milchmischgetränke
- **Backwaren**: regionale Brotspezialitäten, Brötchen, Gipfeli/Hörnchen
- **Aufstriche**: Butter, Margarine, Konfitüre, Honig
- **Ergänzungen** (werden dem Gast zusätzlich verrechnet): Fruchtsäfte, Eierspeisen, Wurstwaren, Käse, Birchermüsli, Joghurt usw.

Das kontinentale Frühstück mit den Ergänzungen wird heute in vielen Schweizer Hotels als **Frühstücksbuffet** angeboten. Die heissen Getränke werden aber meist durch die Servicemitarbeiter serviert.

Englisches Frühstück

Das klassische «English Breakfast» setzt sich wie folgt zusammen:

- **Heissgetränke**: meist Tee mit Milch oder Kaffee
- **Backwaren**: meist Toast oder Brötchen und Gipfeli/Hörnchen
- **Aufstriche**: meist gesalzene Butter, Bitterorangenkonfitüre, Konfitüre
- **Ergänzungen**: Fruchtsäfte, Griess- oder Haferbrei (Porridge), Speck (Bacon), Würstchen (Sausages), Rührei (Scrambled Eggs), Spiegelei (Fried Eggs), grillierte Tomaten und Pilze, weisse Bohnen an Tomatensauce (Beans), geräucherter Schellfisch (Haddock)

Amerikanisches Frühstück

- **Heissgetränke**: meist Kaffee
- **Backwaren**: meist Weissbrot, Brotringe (Bagels), gebackene Teigringe (Doughnuts), Törtchen (Muffins)
- **Aufstriche**: Butter, Konfitüre, Honig
- **Ergänzungen**: Fruchtsäfte, frische Früchte, kalte Zerealien, Spiegeleier, Fleischgerichte

Brunch

Eine spezielle Form der Verpflegung aus **Br**eakfast (Frühstück) und **L**unch zusammengestellt. Dieser meist in Buffetform und am späten Vormittag eingenommene Brunch ist ein Frühstücksbuffet, das durch folgende Komponenten ergänzt wird:

- **Getränke**: Schaumweine, Weine
- **Speisen**: verschiedene Salate, Suppen, warme und kalte Fleischspeisen, Kuchen, Torten, Cremen und Mousses

Die verschiedenen Frühstücksgedecke (erweitertes Frühstück)

- **Fruchtsäfte**: mindestens 1 dl je nach Glastyp mit oder ohne Unterteller mit Deckpapier über dem Frühstücksmesser eingedeckt; bei frischen Säften zusätzlich einen Kaffeelöffel dazu (Zucker ist bereits eingedeckt)
- **Tomatensaft**: mindestens 1 dl Glas auf Unterteller mit Deckpapier und Kaffeelöffel über dem Frühstücksmesser eingedeckt; erweiterte Menage mit Salz, Pfeffer, Worcestershire und Tabasco; auf Wunsch Zitrone
- **Porridge**: warmer Suppenteller, Dessertlöffel, warme Milch und Streuzucker
- **Cornflakes**: kalter Suppenteller (spezielle Schalen), Dessertlöffel, kalte Milch und Streuzucker
- **Weiches Ei im Becher**: Eierbecher auf Unterteller mit Deckpapier, Kaffeelöffel oder Eierlöffel (kein Silber), Menage
- **Spiegelei/Rührei**: warmer Teller, kleines Messer und kleine Gabel, Menage
- **Halbe Grapefruit**: Kaffeelöffel und Streuzucker (wenn nicht bereits eingedeckt)

3 SERVICEREGELN

Die Servicegrundregeln, die sich nur auf das Handwerk und nicht auf die Sozialkompetenz der Mitarbeiter beschränken, werden heute aus folgenden Gründen erstellt:
- Die Gäste sollen sich wohl und umsorgt fühlen
- Die Lebensmittel und Getränke sollen nach hygienischen Grundsätzen serviert werden
- Allgemein verbindliche Regeln erleichtern den Umgang intern und extern
- Rationelles und sicheres Arbeiten

Folgende Unterteilungen der Serviceregeln und -techniken sind wichtig:

Tragetechnik links

- Werden Platten präsentiert und mit Zangengriff geschöpft
- Werden Platten gehalten, damit sich der Gast selber schöpfen kann
- Wird Salat als Beilage eingesetzt
- Werden Brotteller und Brötchen eingesetzt
- Werden Fingerbowlen und Resteteller eingesetzt
- Wird der Tisch gereinigt
- Alles von links Eingesetzte wird auch wieder von links ausgedeckt

Tragetechnik rechts

- Alle Teller einsetzen
- Alle Besteckteile einsetzen und/oder ergänzen
- Alle Getränke präsentieren und einschenken
- Alle Gläser einsetzen und/oder ergänzen (immer am Stiel halten)
- Alles von rechts Eingesetzte wird auch wieder von rechts ausgedeckt

Grundregeln am Gästetisch

- Immer mit beiden Händen beim Guéridonservice schöpfen
- Nie dem Gast den Rücken zuwenden
- Heisse Speisen auf heissen Tellern anrichten
- Kalte Speisen auf kalten Tellern anrichten
- Fleisch- und Fischgerichte werden klassisch auf der unteren Hälfte des Tellers, zum Gast hin, angerichtet
- Tellerrand darf keine Flecken von Saucen usw. aufweisen
- Teller nicht überfüllen
- Teller derselben Speisen einheitlich anrichten
- Buttermischungen (kalt) werden à part und Buttersaucen (warm) direkt auf oder neben dem Fleisch angerichtet
- Gläser, Tassen sowie kleine Utensilien (Menagen/Besteck usw.) werden immer auf einer Unterlage getragen
- Légumiers, Schüsseln und Saucieren immer auf einem Teller oder einer Platte mit Deckpapier tragen
- Clochen und Deckel werden nach dem Abheben verkehrt herum zurückgetragen oder unter den Guéridon gelegt
- Teller und Gläser mit Vignetten oder Servietten mit Monogramm müssen immer im richtigen Blickwinkel zum Gast stehen

Abräumtechniken

Grundsätzlich wird wie bereits erwähnt auf dieselbe Art und Weise abgeräumt, wie eingedeckt wurde.

Getränke
- Nach erstem Weinservice die Aperitifgläser ausdecken
- Nach dem Rotweinservice die Weissweingläser ausdecken
- Nach dem Kaffeeservice die Rotweingläser ausdecken

Speisen
- Zuerst den Guéridon und Tisch aufräumen, d. h. Platten, Schüsseln, Saucieren usw.
- Anschliessend werden die Teller mit den Besteckteilen abgetragen
- Danach kommen Brotteller und evtl. Fingerbowlen usw.
- Anschliessend die Brotkörbe und Menagen
- Das Tischtuch wird mit einem Tischroller oder Tablecrumbler gereinigt

Persönliche Regeln
- Servicetuch ist immer sauber zum Tragen von heissen Tellern griffbereit
- Persönliche Mise en place immer dabei (Zapfenzieher, Streichhölzer usw.)
- Beim Service von rechts immer im Uhrzeigersinn gehen – beim Service von links immer im Gegenuhrzeigersinn gehen
- Grundsätzlich gilt immer vorwärtsgehen
- Vermeiden von Leerläufen
- Linke Hand = Traghand mit Untergriff (2) oder Obergriff (3)

- Rechte Hand = Arbeitshand (Linkshänder umgekehrt)
- Einen Stoss Teller (4) mit beiden Händen tragen (Körperkontakt vermeiden)
- Aufmerksamkeit, Zuvorkommenheit, Ehrlichkeit und Freundlichkeit

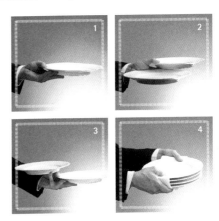

3.1 DAS AUFDECKEN

Das Aufdecken richtet sich heute intensiv nach den betrieblichen Gegebenheiten und kann je nach Konzept sehr stark variieren. Trotzdem sollten bestimmte Punkte beim chronologischen Aufdecken eines Tisches beachtet werden:

1. Tisch ausrichten und evtl. nivellieren
2. Molton auflegen
3. Tischtuch auflegen – Beachten von Berg-, Mittel- und Talfalte (evtl. Napperon usw.)
4. Stühle in gleichen Abständen hinstellen

5. Servietten ca. 1 cm vom Tischrand entfernt auflegen
6. Stühle abdrehen oder zurückziehen, um Arbeitsplatz zu schaffen
7. Besteck auflegen (Gundgedeck usw.) inkl. Porzellan (Brotteller und Brotmesser)
8. Alleinglas oder Rotweinglas eindecken
9. Weissweinglas rechts unter das Rotweinglas/Wasserglas rechts über das Rotweinglas (Traube) oder links über das Rotweinglas
10. Wenn nötig Dessertbesteck eindecken, eingemittet von Hauptspeisebesteck und Rotweinglas
11. Menagen einsetzen
12. Blumen, Kerzen oder Dekoration
13. Menükarten einsetzen
14. Stühle zurückstellen – Stuhlrand zur Tisch- oder Tischtuchkante stellen
15. Kontrolle der Gedecke
16. Kontrolle der gesamten Harmonie

3.2 DIE GRUNDGEDECKE

Einfaches Grundgedeck

Internationales À-la-carte-Grundgedeck

3.3 DIE ERWEITERTEN GRUNDGEDECKE

Zusätzlich zu den internationalen À-la-carte-Grundgedecken werden für die folgenden Speisen nachgedeckt:

Was	Wofür	Ergänzungen
Kalte Vorspeisen, kleines Messer, kleine Gabel		
	Fischvorspeisen	Pfeffermühle, Toast, Zitrone
	Bündnerfleisch, Rohschinken	Pfeffermühle
	Terrinen	Toast
	Salatkompositionen, die nicht mundgerecht angerichtet sind	
Kalte Vorspeisen, zum Cocktailglas passender Löffel, kleine Gabel		
	Krustentier-, Fisch- und Geflügelcocktail	Toast
	Früchtecocktail	Pfeffermühle
	Halbe Avocado in der Schale beliebig gefüllt	Toast Fingerbowle
Austerngabel		
	Austern	Tartines (Schnittchen), Zitronen, Austernessig, Pfeffermühle, Worcestershire-Sauce, Tabasco
		Fingerbowle

Was	Wofür	Ergänzungen
Kleiner Löffel		
	Halbe Melone nature oder mit Portwein	Fingerbowle
Kleines Messer oder Perlmuttmesser		
	Kaviar	Toast oder Blinis (Buchweizenpfannkuchen)
Kleines Messer, kleine Gabel, Hummergabel, Hummerzange		
	Hummer kalt oder warm ganz, nicht ausgelöst	Toast, Fingerbowle, Resteteller
Kleines Messer, kleine Gabel		
	Spargel	Fingerbowle
	Artischocke	Fingerbowle, Resteteller

Was	Wofür	Ergänzungen
Warme Vorspeisen, kleines Messer, kleine Gabel		
	Omelette, Rührei, Mehlspeisen	Kein Silberbesteck!
	Nudeln, Risotto	Reibkäse
Grosse Gabel, auf Verlangen des Gastes grosser Löffel		
	Spaghetti	Reibkäse
Kleiner Löffel, Schneckengabel, Schneckenzange		
	Schnecken im Häuschen	In Streifen geschnittenes Weissbrot Krüglein mit heissem Wasser auf Unterteller, mit zweitem kleinem Löffel und Tropfserviette
Kaffeelöffel rechts, Schneckengabel links		
	Schnecken im Steinguttöpfchen	In Streifen geschnittenes Weissbrot Tiefen Teller einsetzen

Was	Wofür	Ergänzungen
Fischmesser, Fischgabel, passender Löffel		
	Muscheln Seemannsart Bouillabaisse	Resteteller tief Fingerbowle Wenn im Topf serviert, Suppenkelle auf Unterteller dazu (ohne Serviette)
Hauptgang, grosses Messer, grosse Gabel		
	Nicht ausgelöste Krustentiere (Scampi)	Fingerbowle Resteteller

4 VERKAUF

4.1 EMPFANGEN, BEGRÜSSEN, GARDEROBE, PLATZIEREN

Sobald ein Gast das Restaurant betritt, ist es wichtig, ihm sofort zu zeigen, dass er herzlich willkommen ist und dass wir für ihn da sind.

Wir begrüssen die Gäste, die wir kennen, mit dem Namen und zeigen, dass wir uns freuen. Wir geben dem Gast nur die Hand, wenn er uns die Hand entgegenstreckt. Wir nehmen dem Gast die Garderobe ab. Wir merken uns, wer welche Jacke trägt. Wir nehmen allen Gästen, zuerst den Damen und dann den Herren, die Garderobe ab. Wir schliessen wertvolle Stücke auf Wunsch sicher ein und vergessen nicht, sie zu kennzeichnen.

Gäste, die einen Tisch reserviert haben, müssen auf einer Liste mit Namen, Personenzahl und Uhrzeit genau notiert sein. Ist kein bestimmter Platz reserviert worden und stehen genügend freie Tische zur Verfügung, lassen wir den Gästen die Wahl oder bieten eine Alternative an.

Wir führen die Gäste zum Tisch (die Gäste folgen uns, wir laufen nicht zu schnell) und wir sind ihnen behilflich, wenn sie Platz nehmen (wir ziehen den Stuhl heran). Wir beachten dabei die Regel, dass der Gastgeber seine Gäste platziert. Der Herr zur Linken der Dame, Gastgeber zur Linken des Ehrengastes. Wir beachten, dass dem Ehrengast oder der Dame der Platz mit dem schönsten Ausblick angeboten wird. Wir sind in folgender Reihenfolge behilflich beim Zurechtrücken des Stuhls: Dame vor Herr, Ehrengast vor Gastgeber, Alt vor Jung. Wir vergewissern uns nochmals, ob die Gäste mit dem Tisch einverstanden sind. Wenn Kerzen oder Leuchten auf dem Tisch stehen, zünden wir diese spätestens jetzt an. Allfällige Reservationskarten entfernen wir vom Tisch. Wenn die Gäste von einer anderen Person begrüsst und platziert wurden, begrüssen Sie Ihre Gäste am Tisch und stellen sich vor.

4.2 EMPFEHLEN, BERATEN, VERKAUFEN

Empfehlen

Bevor wir empfehlen können, müssen wir die Bedürfnisse und Vorlieben eines Gastes kennenlernen. Auch ein Verkaufsgespräch beginnt mit gezielten höflichen Fragen des Verkäufers. Durch eine gezielte Empfehlung ist es möglich, das zu verkaufen, was der Betrieb wünscht. Ausserdem kann der Gast auf etwas «gluschtig» gemacht werden, an das er gar nicht gedacht hat.

Beraten

Durch Alternativfragen kann der Gast auf das spezielle Gericht geführt werden, und so kann das Passende empfohlen werden.

Erklären

Das Angebot gut zu kennen, ist die Voraussetzung, um dem Gast die Erklärung liefern zu können. Es reicht nicht, nur die Karte zu kennen, es muss auch Kenntnis über die Zubereitung, Herkunft und Eigenschaften der Produkte vorhanden sein.

Zusatzverkäufe

Unter Zusatzverkäufen sind Dinge zu verstehen, die der Gast möglicherweise nicht von sich aus bestellt hätte, sondern zu deren Konsumation erst Sie ihn «verleiten». Zusatzverkäufe sind sehr wichtig, können sie doch einen ansehnlichen Anteil des Umsatzes ausmachen. Selbstverständlich dürfen Sie nur ganz behutsam und unaufdringlich vorgehen.

Die wichtigsten Zusatzverkäufe sind: Aperitifs, Vorspeisen und Salate, Beilagen, Wein, Bier, Mineral- und Folgeflaschen, ebenso Snacks und Gipfeli/Hörnchen, Käse, Desserts, Kaffee, Spirituosen, Kioskartikel und Raucherwaren.

4.3 REKLAMATION

Professioneller Umgang mit Reklamationen

Die meisten Gäste reklamieren nicht gern, weil sie dazu sehr viel Mut aufbringen müssen. Nur zu oft sagen sie nichts und kommen schlimmstenfalls nie wieder. Doch diejenigen, die sich bemerkbar machen, decken möglicherweise echte Schwachstellen auf und geben dem Betrieb so die Chance, diese Mängel zu beheben und dadurch noch besser zu werden! Sachliche Kritik ist deshalb wertvoll, auch wenn sie im ersten Moment etwas unangenehm sein mag. Der Ton macht die Musik.

Ereifert sich ein Gast, lassen wir uns nie in seinen Strudel der Gefühle hineinziehen, sondern wir denken reflexartig daran, dass jetzt unsere Professionalität gefragt ist! Unser Ziel muss sein, den Gast möglichst rasch zu beruhigen, die Situation sachlich zu klären, den Gast zufriedenzustellen, damit der Betrieb die Chance zum Aufdecken und Beheben einer Schwachstelle wahrnehmen kann. Dies ist nur möglich, wenn wir Ruhe bewahren und geduldig zuhören können. Stellen Sie den Gast nie bloss! Stellen Sie seinen Geschmack und seinen Geschmackssinn nie infrage!

Die zehn Verhaltensgrundsätze bei Reklamationen

1. Reklamationen sind sofort zu behandeln. Zu beachten sind die innerbetrieblichen Regeln. Wer hat welche Kompetenzen im Umgang mit Reklamationen? Im Zweifelsfall rufen wir den nächsten Vorgesetzten.
2. Ausreden lassen und aufmerksam zuhören. Eventuell Notizen machen. Oft rührt der Ärger des Gastes daher, dass er sich nicht seinem Selbstverständnis entsprechend beachtet fühlt. Versuchen Sie herauszuspüren, welche Erwartungen er offenbar nicht erfüllt sieht.
3. Dem Gast die Gewissheit geben, dass Sie begriffen haben, worum es geht. Zeigen Sie Verständnis für seine Situation.
4. Allfällige Fehler des Hauses oder von Ihnen unumwunden eingestehen. Keine billigen Ausflüchte und Schuldzuweisungen an andere Mitarbeiter!
5. Bedauern und sich eventuell mehrmals entschuldigen.
6. Freundlich erklären und gegebenenfalls um Verständnis für die Situation bitten.
7. Offene Fragen an den Gast richten, z. B.: «Wie können wir Ihrem Wunsch gerecht werden? Dürfen wir das Chilli gegen etwas Milderes austauschen, vielleicht ein ...?»
8. Den Fall nicht bagatellisieren.
9. Reklamationen grosszügig behandeln.
10. Die ergriffenen Massnahmen im Auge behalten und sich nachträglich vergewissern, dass der Gast nun zufrieden ist.

4.4 VERKAUFSTECHNIKEN

Etwas erfolgreich zu verkaufen, ist erlernbar. Um mit Erfolg zu verkaufen, bedarf es einer positiven Grundeinstellung, eines gästeorientierten Verhaltens sowie Verkaufstechniken und Verkaufsmethoden. Erich Kästner sagte: «Es genügt nicht zu wissen – man muss es auch tun.» Nur Wissen in Verbindung mit Anwendung macht den erfolgreichen Verkäufer aus.

1. Positive Wortwahl

Nutzen Sie Ihre Sprache, um erfolgreich zu sein, indem Sie positive Worte oder Formulierungen den negativen vorziehen.

Ersetzen Sie zum Beispiel

- «müssen» durch «wollen»
- «Das kann ich Ihnen beweisen» durch «Die Erfahrungen zeigen»
- «billig» durch «günstig»
- «warten» durch «sich gedulden»
- «Die Flasche ist halb leer» durch «Die Flasche ist halb voll»
- «teuer» durch «kostspielig, aufwendig»
- «Die Direktion ist nicht da» durch «Frau Müller ist morgen wieder im Betrieb»
- «Da täuschen Sie sich» durch «Das muss ein Irrtum sein»
- «Ich könnte mal nachfragen» durch «Ich frage mal nach»
- «Ich möchte Ihnen danken» durch «Ich danke Ihnen»
- «Ich serviere Ihnen noch Nudeln à part» durch «Ich serviere Ihnen noch Nudeln zusätzlich»

2. Fragen formulieren

«Wer fragt, der führt, und wer führt, der gewinnt.» Es stimmt! Stellen Sie Fragen, um die Wünsche der Gäste näher zu ergründen. Ein guter Berater ist, wer sich in die Situation des Gastes einfühlt, sich hineindenkt und hineinfragt. Denn nur, wenn Sie über den Gast Bescheid wissen, das heisst, wenn Sie Informationen über seine Wünsche haben, können Sie das Leistungsangebot überzeugend darstellen.

Offene Fragen

Stellen Sie wenn immer möglich offene Fragen. Bei der offenen Frage steht das Fragewort am Anfang. Die Antwort kann nicht nur mit «Ja» oder «Nein» beantwortet werden. Meistens beginnen diese Fragen mit einem W: Wer, Was, Wann, Wo, Wie, Wie viele, Welche, Warum. Mit offenen Fragen veranlassen Sie den Gast, über die Frage nachzudenken, und bieten so ein breites Spektrum für mögliche Antworten.

Beispiele: «Wann möchten Sie gerne frühstücken?»
«Um welche Zeit dürfen wir Sie zum Abendessen erwarten?»

Geschlossene Fragen

Bei der geschlossenen Frage steht das Verb am Satzanfang. Die Antwort besteht meistens aus einem «Ja», «Nein» oder «Vielleicht».

Beispiele: «Möchten Sie frühstücken?»
«Dürfen wir Sie zum Abendessen erwarten?»
Geschlossene Fragen eignen sich am Ende eines Verkaufsgesprächs gegenüber Nonstop-Rednern und Unentschlossenen. Es ist sinnvoll, diese als abschliessende Kontrollfragen einzusetzen.

Alternativfragen

Sie beinhalten immer das Wort «oder» und ermöglichen dem Kunden die Wahl zwischen zwei oder mehreren Möglichkeiten. Der Gast entscheidet selbst und fühlt sich dadurch geschmeichelt. Stellen Sie Ihren Verkaufsfavoriten ans Ende, denn: Das Letztgenannte bleibt im Ohr.

Beispiele: «Welchen Aperitif darf ich Ihnen servieren: einen frisch gepressten Orangensaft, einen appetitanregenden Campari oder ein Glas prickelnden Champagner?»
«Was bevorzugen Sie zum Hauptgericht: vegetarisch, Fisch oder Fleisch?»

Suggestivfragen

Eine Suggestivfrage ist eine Frageform, bei der der Befragte durch die Art und Weise der Fragestellung beeinflusst wird. Wer diese Frageform anwendet, stellt keine wirkliche Frage, sondern beabsichtigt, seine Idee, Sicht oder Meinung einer anderen Person zu suggerieren. Typisch für diese Frageart sind Wörter wie «doch», «wohl», «auch», «bestimmt» oder «sicherlich».

Beispiele: «Für eine Empfehlung der Süssspeisen bin ich wohl zu spät?»
«Denkst du nicht auch, dass ...?»

Nützlich kann eine Suggestivfrage dann sein, wenn sie eine vorhandene Gemeinsamkeit im Denken, Fühlen, Wollen oder Handeln mit einer Person betonen soll.

Beispiel: «Meinen Sie nicht auch, dass Sie da eine gute Wahl getroffen haben?»

Verdeckte Fragen
Eine verdeckte Frage ist eine Frageform, die auf den Befragten weniger direkt als die bisherigen Frageformen wirkt.

Beispiele: «Damit ich Ihnen einen passenden Aperitif-Vorschlag für Ihr Bankett machen kann, ist es hilfreich, wenn Sie mir Ihre Preisvorstellung darlegen.»
«Damit ich Ihnen Ihre Leibspeise vorschlagen kann, sollte ich wissen, welche Fleischrichtung Sie bevorzugen.»
«Um mit meiner Beratung Ihren Weinvorstellungen besser zu entsprechen, ist es hilfreich, wenn Sie mir Ihre Lieblingsweinregion verraten!»

Vor allem in ein frageintensives Verkaufsgespräch flicht der redegewandte Verkäufer bewusst verdeckte Fragen ein, damit der Gast nicht den unangenehmen Eindruck erhält, er werde mit Fragen bombardiert.

Rhetorische Fragen
Rhetorik heisst «Kunst der Rede». Redner stellen oft rhetorische Fragen, die man nicht beantworten muss, weil man die Antwort darauf schon kennt. Mit rhetorischen Fragen will der Redner den Zuhörern eine Tatsache oder einen Zusammenhang auf besonders eindrückliche Weise vor Augen führen.

Beispiele: «Wer predigt denn schon von Wein und trinkt Wasser!»
«Wer wirft denn schon gerne sein Geld zum Fenster hinaus?»
«Warum kompliziert, wenns einfach geht?»
«Welcher Gastronom kann sich heute noch qualitativ schlechte Produkte leisten?»

Mit einer passenden rhetorischen Frage lässt sich in einem Verkaufsgespräch wirkungsvoll, kurz und vielleicht auch humorvoll ein Argument unterstreichen oder ein Einwand widerlegen. Jedoch aufgepasst, die rhetorische Frage wirkt oft anbiedernd und ist unangebracht bei Kunden, die Abstand halten wollen.

3. Persönliche Empfehlung

Die persönliche Empfehlung setzt Menschenkenntnis, Angebotskenntnis sowie Verkaufspsychologie voraus und ist eine der vertrauenswürdigsten Verkaufstechniken. Aus Ihrem Auftreten und Ihrem Verhalten schliesst der Gast auf all das, was sich für ihn auch unsichtbar abspielt. Sie sind ein Spiegelbild Ihres Betriebs! Ihre menschlichen Qualitäten wie Einfühlungsvermögen, Höflichkeit, Aufmerksamkeit, Geduld, Diskretion, Anpassungsfähigkeit sowie Toleranz sind erste Voraussetzungen zum beruflichen Erfolg. Zunächst müssen Sie eine Atmosphäre schaffen, die den Gast geneigt macht, Ihren Vorschlägen zu folgen, die ihm das Gefühl gibt, dass man ihn verwöhnen möchte. Zeigen Sie Ihrem Gast Ihr Interesse an seinem Besuch.

Fach- und Sachkenntnis heisst nicht nur, die Speisekarte zu kennen, sondern darüber hinaus weitreichendes sicheres Wissen, was Portionsgrösse, Zusammensetzung, Zubereitungsart, Herkunft, Charakter, Harmonie und Bekömmlichkeit sämtlicher Speisen und Getränke betrifft. Wenn man das Vertrauen gewonnen hat, wird man als kompetenter Gastgeber ernst genommen.

4. Farbige Schilderung der Produkte

Da der Mensch ein «Augenwesen» ist, lässt er sich am besten durch optische Eindrücke in Versuchung führen: Eine raffiniert verspiegelte Schauvitrine mit herrlich dekorierten Canapés und hausgemachten Früchtekuchen lässt dem Gast beim blossen Anblick das Wasser im Munde zusammenlaufen.

Da aber leider, wenn überhaupt, nur ein kleiner Teil Ihres Angebots ausgestellt werden kann, ist es Ihre anspruchsvolle Aufgabe, ebenso anregende farbige Bilder in der Vorstellung des Gastes zu «malen».

Ein paar Tricks dazu: Nur allgemeine Begriffe wie Dessert, Aperitif oder Gemüse sind möglichst zu vermeiden. Beraten Sie den Gast mit konkreten Vorschlägen, wie: «Möchten Sie zum Abschluss ein ofenfrisches Apfeltörtchen, die luftige Cointreau-Mousse oder das erfrischende Limettensorbet?»

Umschreiben Sie ein Gericht stets mit passenden Adjektiven wie saftig, leicht, knusprig, cremig, goldgelb, gartenfrisch, bunt, mild, würzig, exotisch, hausgemacht, währschaft usw.

5. Optische Präsentationen

Darunter versteht man die Art und Weise, wie einzelne Produkte dem Kunden attraktiv präsentiert werden. Der Erfolg wird sichtbar, wenn sich die Produkte weitgehend von selbst verkaufen. Um dies zu erreichen, sind Bedingungen wie Sauberkeit, Hygiene, Art der Präsentation (Ästhetik, Farben, Licht usw.) sowie die Wahl des Standorts entscheidend. Verlockend und verkaufswirksam arrangierte Präsentationstische, Büffets, Vitrinen sowie Voituren fördern den Umsatz.

6. Einsatz von anregenden Duftstoffen

Düfte wecken Gefühle und Emotionen. Raumbeduftung kann in vielen Bereichen Anwendung finden. Sie schafft eine angenehme Atmosphäre, lädt zum Verweilen ein und macht Lust aufs Wiederkommen. Je nach Anlass bestimmen Sie, wie wirkungsvoll die Atmosphäre sein soll. Eine angenehme, entspannende und wohltuende Atmosphäre wirkt öffnend und vertrauensbildend.

7. Diplomatisches Verhalten

Verkäufer müssen Diplomaten sein. Im Kontakt mit den Gästen benötigt man das richtige Gespür. Die grösste Herausforderung ist, die unausgesprochenen Gefühle und Bedürfnisse des Kunden zu erkennen und die eigenen Interessen nicht in den Vordergrund zu stellen. Um dieses hochgesteckte Ziel zu erreichen, ist absolute Flexibilität und Persönlichkeit wichtig: «Gib mehr, als du nimmst!»

8. Einwandbehandlung

Einwände sind immer Ausdruck eines grundsätzlichen Interesses bei bestimmten Zweifeln. Der Gast ist von unserem Angebot und unserer Leistung noch nicht überzeugt. Durch die fachkompetente und diplomatische Beratung besteht die Chance, bestehende Zweifel auszuräumen.
Beispiele typischer Einwände: ... ist zu teuer! ... muss noch überlegen!

9. Reklamationsbehandlung

«In Reklamationen stecken Chancen!» Bei der Bearbeitung von Reklamationen sollten die Beschwerden nicht vordergründig als negativ empfunden werden, sondern als hilfreiches betriebliches Kontrollmittel gegen «Betriebsblindheit», um bestehende Mängel abzubauen und so das Image des Hauses zu verbessern.

Reklamationen sollten daher weitestgehend im Sinne des Gastes bearbeitet werden (Seite 29).

4.5 VERKAUFSFORMEN

Unter Verkaufsform versteht man die Art und Weise, wie den Gästen die Produkte angeboten werden. In der Gastronomie haben sich bestimmte Verkaufsformen entwickelt. Welche Verkaufsform gewählt wird, hängt von verschiedenen Aspekten ab, z. B. von der Angebotspalette, der Art und Grösse des Gastronomiebetriebs, der Geschäftspolitik, dem Konsumverhalten der Gäste sowie besonderen Vorschriften.

Mögliche Verkaufsformen sind:
- Verkauf direkt im Restaurant
- Verkauf über die Gasse
- Verkauf über die Selbstbedienung
- Drive-in-Verkauf
- Verkauf an Messen oder in Geschäften
- Verkauf mit Partnerfirmen (z. B. Gastronomie und Blumengeschäft)
- Automatenverkauf
- Telefonverkauf
- Schriftlicher Verkauf
- Internetverkauf

Oft handelt es sich auch um Mischformen.

Verkauf direkt im Restaurant

Der Verkauf direkt im Restaurant ist in der Gastronomie die häufigste Verkaufsform. Die Mitarbeiter betreuen den Gast von der Begrüssung bis zur Verabschiedung.

Verkauf über die Gasse

Der Verkauf über die Gasse beinhaltet einerseits den direkten Verkauf (Take-away) und andererseits den Verkauf mit einem Dienstleistungspaket (Catering).

Verkauf über die Selbstbedienung

Die Selbstbedienung ist eine Verkaufsmethode, bei der der Gast die gewünschten Produkte selbst auswählt und zur Kasse bringt.

Drive-in-Verkauf

Beim Drive-in-Verkauf findet der Ablauf von der Bestellung über die Entgegennahme der Produkte bis zur Abrechnung im Auto statt.

Verkauf an Messen oder in Geschäften

Der Verkauf an Messen oder in Geschäften dient vor allem dazu, um neue Gästezielgruppen anzusprechen und den Betrieb in einer breiten Öffentlichkeit zu repräsentieren.

Verkauf mit Partnerfirmen

Beim Verkauf mit Partnerfirmen werden Gemeinsamkeiten und Unterschiede zu Synergien zusammengeführt: «Geben und Nehmen!»

Automatenverkauf

Mit dem Automatenverkauf bietet sich die Möglichkeit, Produkte auch ausserhalb der Öffnungszeiten zu verkaufen. Der Gast führt alle Tätigkeiten selbstständig aus.

Telefonverkauf

Der Telefonverkauf ermöglicht den Geschäftsabschluss aufgrund telefonischer Kontakte zwischen dem Verkäufer und dem Käufer. Der Telefonverkauf ist ein nicht wegzudenkendes Hilfsmittel bei der Gästegewinnung, Gästebetreuung und Auftragsabwicklung.

Schriftlicher Verkauf

Mit dem schriftlichen Verkauf ist der Verkauf über die Offerte gemeint. Er beinhaltet alle Informationen schriftlich. So herrscht Klarheit über alle Verkaufsbedingungen.

Internetverkauf

Mit dem Internetverkauf bietet sich dem Gast die Möglichkeit, sich über das Angebot zeitunabhängig auf dem Bildschirm zu informieren und einen gewünschten Kontakt zu aktivieren.

5 WEIN

5.1 DER WEINSERVICE

Wenn immer möglich sollte jede Flasche Wein vor dem Gast geöffnet werden. Dies hat mehrere Gründe. Unter anderem sollte der Gast immer sehen, welcher Wein ihm ausgeschenkt wird und zudem ist das Flaschenöffnen ein Ritual, das aufzeigt, wie wichtig Wein in der heutigen Gesellschaft ist.

Das Öffnen

- Die Flasche sorgfältig oder alte Weine im Flaschenkorb tragen (Staub bleibt an der Flasche).
- Die Flasche dem Gast von rechts präsentieren und kurz auf die Etikette aufmerksam machen.
- Die Flasche so hinstellen, dass die Etikette zum Gast zeigt.
- Die Kapsel rund ½ cm unter der Öffnung rundherum durchschneiden (In der Praxis gibt es mehrere Varianten = oberhalb, in der Mitte oder unterhalb der Flaschenmanschette. Als Grundsatz heute gilt sauber durchschneiden). Einige Weine haben heute sogar ein Reissband, somit erübrigt sich das Durchschneiden.
- Den Zapfenzieher in der Korkmitte gut eindrehen (Achtung: Korken nicht durchbohren, wegen Korkrückständen im Wein).
- Langsam den Korken rausziehen.
- Den Korken mit einer Papierserviette vom Korkenzieher lösen und den Flaschenhals mit einer Papierserviette wenn nötig reinigen.
- Dem Besteller einen Degustationsschluck einschenken und die Flasche nochmals zeigen.
- Sobald dieser die Zustimmung erteilt hat, kann mit dem Einschenken begonnen werden. Zuerst die Damen, man fährt bei den Herren weiter und hört schliesslich beim Besteller auf.

- Die Flasche wird in der Schweiz immer mit der Etikette in der Handinnenseite eingeschenkt.
- Gläser nicht zu stark füllen. Somit bleibt der Weisswein kühl und der Rotwein verliert nicht die Duftaromatik.

Spezielles

- Weine, die im Weinkühler stehen, zum Öffnen immer aus diesem nehmen.
- Bei älteren Weinen und vor allem bei Schaumweinen wird immer das Glas mit der linken Hand ausgedeckt und so das Glas zur Flasche geführt und nicht umgekehrt. Somit verhindern sie grossen Kohlensäureverlust oder ein zu starkes Bewegen des Weines.
- Drop-Stop sind nützliche Ausschankhilfen, sollten aber gezielt eingesetzt werden. Der Einsatz beschränkt sich auf einfache Grossbankette.
- Weine im Offenausschank werden in Karaffen oder in geeichten Gläsern serviert. Wenn immer möglich auch diese Weine vor dem Gast einschenken.

5.2 AUSSCHANKTEMPERATUREN

Die richtige Ausschanktemperatur ist bei Wein schwer festzulegen. Sie kann oder besser soll je nach Ort, Jahreszeit oder Geschmack des Kunden verschieden sein. Als allgemeine Regel gilt, dass Weissweine kühl, jedoch nicht eiskalt genossen werden, während Rotweine seine besten Eigenschaften erst entfalten, wenn die Ausschanktemperatur rund 16–18 °C beträgt.

Allgemeine Regeln

Schaumweine, Champagner und Süssweine	6–8 °C
Einfache schlanke Weissweine (Féchy, RxS usw.)	8–10 °C
Gehaltvollere Weissweine (Chablis, Dézaley, Amigne usw.)	10–12 °C
Roséweine	12–14 °C
Einfache Rotweine (Beaujolais, Epesses rouge usw.)	14–16 °C
Gehaltvolle Rotweine (Burgunder, Bordeaux, Barolo usw.)	16–18 °C

5.3 DAS DEKANTIEREN

Dekantieren bedeutet das Umgiessen eines Weines in eine Karaffe. Es gibt vier Gründe, weshalb Weine dekantiert werden:

1. Die Handlung am Tisch als Zeremoniell.
2. Weine vom Bodensatz (Depot), der sich durch Ablagerungen von Gerb- und Farbstoffen über Jahre gebildet hat, zu trennen.
3. Weine mit Sauerstoff in Kontakt bringen. Viele Jungweine entfalten Ihre Duftaromatik und verringern Ihre Gerbstoffe durch intensiven Kontakt mit Sauerstoff.
4. Weine, die nicht über die optimale Trinktemperatur verfügen, durch das Dekantieren auf diese zu bringen. Dies nennt man Chambrieren.

Mise en place

- Dekantierkaraffe mit Verschluss (bei alten Weinen besteht Oxidationsgefahr)
- Ständer mit Kerze
- Zündhölzer
- Zapfenzieher
- Weinflasche in speziellem Ständer oder Korb
- Plateau mit Papierserviette
- Abfallteller und Unterteller zur Präsentation des Korkens

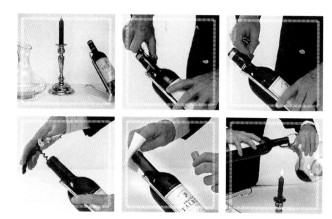

1. Nach dem Präsentieren die Halsmanschette vollständig entfernen.
2. Den Korken entfernen und den Flaschenhals reinigen.
3. Den Wein langsam dem Karaffenhals entlang umgiessen.
   Die Kerze dient ausschliesslich als Lichtquelle und darf nicht unter die Verengung des Flaschenhalses gehalten werden. Sie ist deshalb leicht zurückversetzt.

5.4 DIE WEINSPRACHE

Es ist sehr wichtig den Wein korrekt zu verkaufen, da Wein zum Lifestyle der heutigen Gesellschaft zählt und viele Kunden bereits ein Vorwissen besitzen. Aus diesem Grund müssen die Eigenheiten der einzelnen Weine/ Traubensorten bekannt sein. Diese Eigenheiten sollten für den Gast verständlich und nachvollziehbar sein. Bei der Weinempfehlung ist es wichtig den Wein in vier Punkten zu beschreiben:
1. Hersteller/Gebiet
2. Traubensorte
3. Nasenaromatik
4. Gaumenaromatik

Diese vier Punkte müssen nicht in der vorgegebenen Reihenfolge erwähnt werden, doch sollten jeweils passende Adjektive dazu verwendet werden.

Zwei Beispiele

Mont sur Rolle	Schlanker Weisswein der Traubensorte Chasselas aus der La côte von … mit einer frischen Zitrusnote und feinen Hefenoten
Caya Syrah du Valais	Gehaltvoller, gerbstoffreicher Top Syrah aus Vétroz von Weinmacher Gilles Besse. Die dezenten Kirschen- und Pflaumennoten werden durch die feinen Röstaromen des Barriques unterstützt.

Zu vermeiden sind folgende Aussagen zu Wein:
- schwer – leicht (besser: gehaltvoll – schlank)
- bitter – sauer (besser: gerbstoffreich – säurebetont)

Auch sollten schwer nachvollziehbare Adjektive oder spezielle Fachausdrücke vermieden werden:
- Der Wein ist stark adstringierend oder der Wein duftet nach Zibetkatze

5.5 WEINHERSTELLUNG

Der wichtigste Vorgang bei der Weinherstellung ist die Umwandlung des Zuckers des süssen Traubenmostes in Alkohol. Diesen chemischen Prozess nennt man alkoholische Gärung. Diese kann natürlich oder kontrolliert ablaufen.

Die natürliche Gärung entsteht durch wilde Hefen. Da die wilden Hefen aber nicht immer gleich vergären und zudem oft unangenehme Eigenschaften wie einen Essigstich entwickeln, kommt heute aus Qualitätsgründen fast ausschliesslich der kontrollierte Gärprozess zur Anwendung. Beim kontrollierten Gärprozess werden dem Traubenmost gezielt Reinzuchthefen zugegeben.

Dieses Verfahren wird heute bei den drei bekanntesten Weintypen angewendet:
· Weisswein
· Roséwein
· Rotwein (Maischegärung und Maischeerwärmung)

WEISSWEINHERSTELLUNG

Die Weissweinherstellung verläuft in den folgenden Schritten:

Traubenlese

Die Trauben werden bei schönem Wetter entweder von Hand oder maschinell geerntet. Der Winzer achtet beim Ernten auf gesundes Traubengut. Schlechte Trauben werden direkt im Rebberg ausgesondert. Wichtige Indikatoren für den richtigen Erntezeitpunkt sind der Zuckergehalt der Trauben und die Säure.

Der Zuckergehalt im Traubenmost wird heute immer noch oft in Öchslegraden angegeben. Zur Berechnung des Zucker- und zu erwartenden Alkoholgehalts kann der Winzer folgende Formeln anwenden:
- Öchsle x 2 = ungefährer Zuckergehalt pro Liter in Gramm
- Öchsle – 15 : 6 = ungefähr zu erwartende Vol.-% Alkohol

Anlieferung des Traubenguts

Die Trauben werden kurz nach dem Schnitt zur Verarbeitung in die Kellerei gebracht, wo sie nochmals auf Qualität, Gewicht und Reifegrad kontrolliert werden.

Abbeeren und Abmahlen

Die Trauben werden im Anschluss an die Qualitätskontrolle in einer Abbeermaschine von den Traubenstielen, den Kämmen, getrennt und aufgequetscht. Das Trennen von den Stielen verhindert, dass beim Pressen Bitterstoffe in den Traubenmost gelangen.

Das Aufquetschen bewirkt ein schnelleres und vor allem schonenderes Pressen der Beeren. Das gesamte Produkt aus Traubenhaut, Fruchtfleisch, Kernen und Saft nennt man Maische.

Pressen

Die Maische wird so schnell wie möglich auf die Presse gepumpt, um das Fruchtfleisch auszuquetschen und den Saft von Haut, Kernen und Fruchtfleisch zu trennen. Der Saft muss die Presse so schnell wie möglich durchlaufen, damit er sich farblich nicht verändert. Heute werden meist moderne, hydraulisch gesteuerte Pressen eingesetzt, man findet aber je nach Region auch noch alte Horizontalpressen.

Die Traubenhäute, Kerne und das Fruchtfleisch werden anschliessend entweder vergoren und destilliert oder in den Rebberg zurückgeführt und dort verteilt.

Entschleimen

Als nächster Schritt wird der Presssaft in einer Zentrifuge von seinen Trübstoffen getrennt. Zum Teil wird der Most auch einfach einige Stunden stehen gelassen, sodass sich der Saft von den Trübstoffen von selbst trennt.

Alkoholische Gärung

Der Zucker im Traubenmost wird durch Hefen in Alkohol und Kohlensäure umgewandelt. Die richtige Gärtemperatur ist dabei sehr wichtig und muss strikt eingehalten werden. Eine Weissweingärung findet heute üblicherweise bei kühlen 15–20 °C statt. Dies bringt herrliche Traubenaromen hervor.

Nach rund sechs bis zwölf Tagen ist die alkoholische Gärung abgeschlossen. Die Weinhefen haben dann den Zucker in max. 15 Vol.-% Alkohol umgewandelt.

Abzug der Hefe

Nach der Gärung setzt sich die abgestorbene Hefe auf dem Fassboden ab. Meistens wird jetzt der Jungwein von der Hefe getrennt. In einzelnen Regionen wird die Hefe aber noch bis zum Frühjahr im Wein belassen. Die Hefe muss dabei regelmässig in Bewegung gehalten werden, ansonsten entwickeln sich unangenehme Aromatiken.

BSA, biologischer Säureabbau/malolaktische Gärung

Beim biologischen Säureabbau, der auch Milchsäuregärung oder zweite Gärung genannt wird, wandeln Bakterien die aggressive Apfelsäure in milde Milchsäure um. Dies vollzieht sich gegen das Frühjahr hin, wenn es in den Kellern etwas wärmer wird.

In der Schweiz wird der BSA bei fast allen Weissweinen praktiziert. Im Ausland wird der BSA je nach Region nicht durchgeführt, damit die Weine ihre Frische, Haltbarkeit und Typizität behalten.

Einbrand/Schwefeldioxid

Damit der Jungwein sich mikrobiologisch nicht mehr verändert, die Farbe stabil bleibt und der Wein nicht braun wird, werden die meisten Weine mit schwefelhaltiger Säure versetzt. Dies muss heute in der Schweiz auf der Weinflasche als Sulfit-Gehalt deklariert werden.

Kältestabilisieren/Weinsteinausscheidung

Durch das Abkühlen der Keller auf unter 10 °C bindet sich das im Wein enthaltene Kalium an die Weinsäure und fällt als kleiner Kristall aus. Dies wird heute nur noch bei Weinen praktiziert, die beim Konsumenten stark gekühlt werden. Einzelne Weinregionen verzichten gänzlich auf die Weinsteinausscheidung, weil sie einen Aromatikverlust befürchten.

Filtration

Damit der Wein so klar wie möglich oder wie gewünscht in den Ausbau gelangt, wird er filtriert. Die Filtration kann physikalisch durch Filterschichten oder spezielle Crossflow-Anlagen oder auch chemisch mithilfe von Hühnereiweiss oder Gelatine erfolgen.

Ausbau des Weins

Der Ausbau eines Weins bestimmt seinen Geschmack. Unter dem Ausbau verstehen wir die Zeit, die der Jungwein benötigt, um seine Keller- oder Fassreife zu erreichen. Beim Weisswein ist dies normalerweise nach sechs bis acht Monaten erreicht.

Der Ausbau kann wie folgt stattfinden:
- **Im Stahltank, Betontank usw.:** Der Wein behält seine traubentypischen Aromen und zeigt sich frisch und fruchtig.
- **In grossen Holzfässern:** Der Wein kommt mit wenig Luft in Kontakt und entwickelt oft noch zusätzliche Fruchtnuancen.
- **Barrique/Pièce – 225 l- bis 228 l-Holzfässchen:** Durch das ausgebrannte Holzfass gelangen Röstaromen in den Wein. Vanille, Karamell, Schokolade, Rauch und vieles mehr wird an den Wein abgegeben und verändert ihn entsprechend.
- **Eichenholz-Chips:** Dem Wein werden – meist im Stahltank – Eichenholz-Chips beigemischt, um den Effekt eines Barriques zu erreichen. Er darf aber nicht als Barrique-Wein verkauft werden.

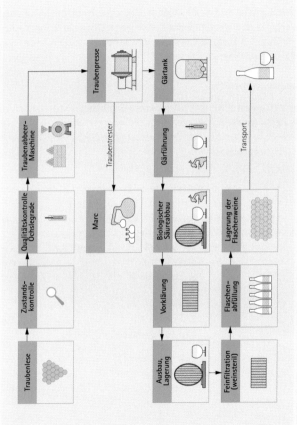

Feinfiltration

Damit der Wein in der Flasche nicht verdirbt oder sich Trübstoffe in der Flasche bilden, wird vor der Abfüllung nochmals filtriert. Heute verzichten aber viele Hersteller auf die Feinfiltration, damit keine Aromatik verloren geht. Diese Weine werden dann oft als «unfiltriert» oder «non filtré» angeboten.

Abfüllen

Die Weine werden heute in folgende Gebinde abgefüllt:
- Glasflaschen
- Tetrapack
- Plastikschläuche
- Plastikflaschen
- Dosen
- Premix-Container

Am häufigsten werden immer noch Flaschen als Gebinde verwendet. Insbesondere in der Gastronomie eignen sich andere Gebinde nur in speziellen Fällen.

Flaschen werden heute folgendermassen verschlossen:
- **Kronkorken:** für Flaschenweine einfacher Qualität.
- **Drehverschluss:** für Flaschenweine bester Qualität. Keine geschmacklichen Veränderungen, aber noch nicht bei teureren Produkten etabliert.
- **Naturkorken:** für Flaschenweine bester Qualität. Die Gefahr von negativer geschmacklicher Veränderung ist gross, aber aus Tradition ein «Muss» bei Luxusprodukten. Veränderung durch Luftzufuhr fast nicht mess- und spürbar.
- **Glaskorken:** für Flaschenweine bester Qualität. Edler und geschmacksneutraler Auftritt.
- **Kunststoff/Silikon:** für Flaschenweine bester Qualität. Keine geschmacklichen Veränderungen. In verschiedenen Farben erhältlich. Langzeithaltbarkeit noch nicht ganz geklärt.

ROTWEINHERSTELLUNG

Bei der Rotweinherstellung unterscheiden wir zwei Varianten, die in der Schweiz praktiziert werden:

Maischegärung und Maischeerwärmung

Die Rotweinherstellung unterscheidet sich nach dem Abbeeren und Abmahlen grundlegend von der Weissweinherstellung. Während die weisse Maische direkt auf die Presse geht und der Saft vergoren wird, durchläuft der Rotwein den Gärvorgang mitsamt den Traubenhäuten, Kernen und dem Fruchtfleisch.

Maischegärung

Bei der Maischegärung von blauen Trauben werden die Farbstoffe der Haut und die Gerbstoffe, die sich sowohl in der Haut als auch in den Kernen befinden, ausgelaugt.

Die Maischegärung dauert rund ein bis zwei Wochen, kann aber durch Herunterkühlen der Keller hinausgezögert werden, um mehr Farbe, Aromatik und Gerbstoffe durch den entstehenden Alkohol herauszulösen. Die darauf folgenden Schritte unterscheiden sich von der Weissweinherstellung nur geringfügig.

54 Wein

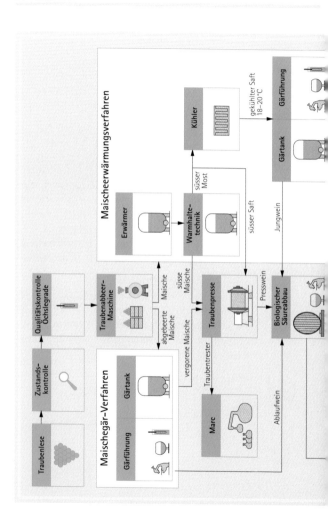

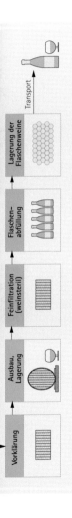

Maischeerwärmung

Im Gegensatz zur Maischegärung wird bei der Maischeerwärmung nur der Saft vergoren. Die Schritte bis zum Abbeeren und Abmahlen sind die gleichen wie bei der Weissweinherstellung.

Die Maische wird in Wärmetanks gepumpt und dort je nach Betrieb auf 40–80 °C erwärmt. Nach gut zwei Stunden werden durch die Erwärmung die Farb- und Aromastoffe ausgelöst. Zusätzlich werden unerwünschte Mikroorganismen abgetötet. Der Vorteil der Maischeerwärmung liegt darin, dass grössere Mengen anfallenden Traubenguts verarbeitet werden können und die Weine oft weniger Gerbstoffe enthalten und somit weicher und angenehmer zu trinken sind.

Zum Pressen wird die Maische anschliessend heruntergekühlt, direkt auf die Presse gepumpt und abgepresst. Das Resultat ist ein intensiver roter Traubensaft. So werden heute auch die roten Traubensäfte, Sauser und Traubensäfte im Gärstadium hergestellt.

Die darauf folgenden Schritte entsprechen wiederum der Weissweinherstellung.

Spezialitäten aus blauen Trauben

Schiller
Schiller(weine) sind eine Spezialität aus dem Kanton Graubünden. Sie werden aus weissen und blauen Trauben hergestellt, wobei die blauen Trauben überwiegen müssen. Schiller werden nach Rosé-Art gekeltert.

Federweisser, Weissherbst, Clairet oder Chiaretto
Die blauen Trauben werden wie bei einem Weisswein sofort abgepresst. Da sich die Farbstoffe in der Traubenhaut befinden, läuft ein weisser Saft aus der Presse. Diese Weissweine haben oft mehr Körper und Gerbstoffe als normale Weissweine.

Bekannteste Vertreter sind:
- Merlot bianco
- Champagner

Strohweine
Für Strohweine werden die Trauben im Anschluss an die Ernte im Herbst nachgetrocknet. Früher erfolgte dies auf Strohmatten, was dem Wein seinen Namen gab. Heute verwendet man meist Drahtgestelle, Holzkisten und moderne Trocknungsräume, um den Trauben Wasser zu entziehen. Die dadurch erhöhte Zuckerkonzentration lässt alkoholreiche und gehaltvolle Rotweine entstehen.

Bekannte Vertreter sind:
- Amarone
- Sforzato (auch Sfursat genannt)
- Vin Santo
- Recioto

ROSÉWEINHERSTELLUNG

Die Herstellung von Roséwein – in einzelnen Ländern auch Rosato, Süssdruck oder Kretzer genannt – erfolgt wie die Maischegärung bei den Rotweinen.

Teilmaischegärung

Die Maische der blauen Trauben wird rund 12–48 Stunden mit dem Saft in Kontakt gelassen und anschliessend sofort abgepresst. Der Wein erhält dadurch eine mehr oder weniger intensive Roséfärbung. Zudem verfügt ein Rosé über mehr Gerbstoffe als ein Weisswein.

SÜSSWEINHERSTELLUNG

Süssweine erfreuen sich immer grösserer Beliebtheit. Ein Süsswein kann rot oder weiss sein. Da die Hefe den Zucker in Alkohol umwandelt, muss für einen süssen Wein entweder die Gärung unterbrochen werden oder man muss die Weine nachsüssen oder sehr süsse Trauben verwenden. Diese drei wichtigsten Arten, einen süssen Wein zu erhalten, werden im Folgenden noch genauer beschrieben:

Gärung unterbrechen

Wenn die Hefe gestoppt wird, bevor sie den ganzen Zucker in Alkohol umwandelt, entsteht ein süsser Wein. Dies erreicht ein Weintechnologe auf drei Arten:
- Aufspriten mit Alkohol
- Beigabe von Schwefeldioxid
- Feinfiltration nach Herunterkühlen

Die bekannteste Variante ist das Aufspriten mit hochprozentigem Alkohol. Solche Süssweine werden oft im Mittelmeerraum angeboten. Die bekanntesten Vertreter heissen Vins Doux Naturels. Die Gärung wird bei rund 4–6 Vol.-% Alkohol durch Beigabe von Trinkalkohol unterbrochen. Der Wein hat dann noch nicht die typischen Gäraromen entwickelt und weist eine intensive Fruchtaromatik, wenig Säure und viel Alkohol auf.

Bekannte Vertreter sind:
- Muscat de Beaumes – de Venise
- Muscat de Rivesaltes
- Portwein

Nachsüssen

Das Nachsüssen ist nur mit unvergorenem Traubensaft – den sogenannten Süssreserven – erlaubt. Nicht erlaubt ist das Nachsüssen von Wein mit Zucker. In Deutschland werden liebliche Weine im Anschluss an die Gärung oft mit Traubensaft angereichert. In einigen Ländern wird der Traubensaft stark eingedickt (Sherryherstellung in Spanien) und in Form eines Konzentrats beigemischt. Dies hat nicht nur eine Süssfunktion, sondern verändert oft auch noch die Farbe des Weins.

Bekannte Vertreter sind:
- Liebliche Weissweine aus Deutschland
- Cream Sherry oder Oloroso Dulce

Zuckerkonzentration in den Trauben

Die wohl hervorragendsten Süssweine werden durch die hohe Konzentration des Zuckers in den Trauben erzielt. Diese Weine erhalten ihre Süsse durch den Zuckerüberschuss, den die Hefen bei der alkoholischen Gärung bis etwa 15 Vol.-% Alkohol nicht abbauen konnten. Da normal reifende Trauben nicht über eine solch hohe Zuckerkonzentration verfügen, werden heute drei Varianten der Konzentration angewendet:
- Trocknen der Trauben
- Edelfäule
- Gefrieren der Trauben

Trocknen der Trauben
Die Traubenbeeren müssen auf natürlichem Weg Wasser verlieren. Dies kann am Rebstock passieren, durch längeres Hängenlassen und daraus resultierende spätere Ernte (Trockenbeerenauslese) oder durch Trocknen nach der Ernte in gut belüfteten Trocknungsräumen (Strohweine).

Bekannte Vertreter sind:
- Recioto
- Vin de Paille

Edelfäule
Der Edelschimmelpilz Botrytis cinerea, auch Edelschimmel genannt, spielt bei der Erzeugung klassischer Süssweine eine bedeutende Rolle. Wenn der Botrytis-Pilz gesunde und reife Trauben befällt, entzieht er der Traube das nötige Wasser, um zu überleben, und fördert gleichzeitig die Verdunstung. Die Beere fängt an zu schrumpfen. Was zurückbleibt, ist ein rosinengrosses Beerchen, das über hoch konzentrierten Zucker und Säure sowie über eine unverwechselbare Geschmacksnote verfügt.

Damit Edelfäule entstehen kann, müssen mehrere Bedingungen erfüllt sein:
- Vollreife und gesunde Trauben
- Morgennebel, der die Entwicklung des Pilzes fördert
- Warme und trockene Nachmittage, die das Austrocknen der Trauben beschleunigen

Da der Pilz nie die gesamte Ernte gleichzeitig befällt, muss in diesen Gebieten von Hand und vor allem mehrfach geerntet werden, was die Produktion der Weine verteuert.

Bekannte Süssweine sind:
- Sauternes
- Tokaji (ansatzweise)
- Beerenauslese (BA) und Trockenbeerenauslese (TBA)
- Grain Noble

Gefrieren der Trauben

In Ländern wie Kanada, Deutschland, Österreich und in der Schweiz ist es üblich, die gesunden Trauben so lange am Rebstock hängen zu lassen, bis diese gefrieren.

Im gefrorenen Zustand werden die Trauben gelesen und sofort gepresst. Die Eiskristalle des Wassers können nicht gepresst werden, sodass nur das süsse Traubensaftkonzentrat übrig bleibt.

Moderne Eisweine sind oft alkoholschwach und verfügen über ausgeprägte, sortentypische und reine Fruchtaromen mit viel Säure und über eine intensive Süsse.

Spezialfall: Die Cryoextraktion ist heute in vielen Ländern eine Möglichkeit, normal gewachsene und gesunde Trauben einzufrieren und so den Effekt einer Eisweinproduktion nachzuahmen.

SCHAUMWEINHERSTELLUNG

Der Unterschied zwischen einem Schaumwein und einem normalen Wein besteht einzig und allein in den Bläschen, die den Schaumwein sprudeln lassen. Die Bläschen sind CO_2, das im Wein eingefangen ist.

Es gibt vier Methoden, wie das CO_2 in den Wein gelangt:
- Traditionelles Verfahren (Méthode champenoise und Méthode traditionnelle)
- Tankgärverfahren
- Transvasierverfahren
- Kohlensäureimprägnierung

Traditionelles Verfahren

Das traditionelle Verfahren wurde im Weingebiet Champagne entwickelt. Die Verwendung des Begriffs «Méthode champenoise» ist ausschliesslich dem Gebiet Champagne erlaubt. Ausserhalb der Champagne wird das Verfahren nach EU-Gesetzgebung als «Méthode traditionnelle» vermarktet.

Bei der Méthode traditionnelle werden die Kohlensäurebläschen durch eine zweite Gärung in der Flasche gebildet, die später dem Gast verkauft wird. Die zweite Gärung wird in Gang gesetzt, indem den fertigen Weinen Zucker und Hefe beigemischt werden. Dieses Gemisch wird anschliessend in druckstabile Flaschen abgefüllt und meist mit Kronkorken verschlossen. Die Hefe wandelt nun langsam den Zucker in Alkohol und CO_2 um. Da dies unter Druck geschieht, kann das CO_2 nicht entweichen und verbindet sich langsam mit dem Wein. Die abgestorbenen Hefen bilden einen Bodensatz, der anschliessend aus der Flasche aufwendig entfernt werden muss

(Dégorgement). Dabei geht auch immer etwas Wein verloren. Dieser Verlust muss durch eine sogenannte Versanddosage (Liquer d'expédition) wettgemacht werden, d. h., die Flasche muss etwas aufgefüllt werden. Die Zusammensetzung dieser Versanddosage bestimmt den Süssegrad des fertigen Schaumweins.

Im folgenden Kapitel «Champagner» wird dieses Verfahren noch im Detail beschrieben.

Bekannte Vertreter sind:
- Champagner
- Crémant d'Alsace/Bourgogne usw. aus Frankreich
- Cava aus Spanien
- Sparkling Wines aus Übersee (USA, Neuseeland, Australien)

Tankgärverfahren

Diese Methode, auch unter dem Begriff «cuve close» oder «Méthode Charmat» bekannt, ist ein Verfahren, bei dem die zweite Gärung in einem geschlossenen Druckstahltank stattfindet. Der fertig perlende Wein wird anschliessend unter Druck filtriert, mit der Versanddosage versehen und in Flaschen abgefüllt.

Dieses Verfahren ist sehr kostengünstig und schnell, da die zweite Gärung in grossen Tanks und nicht in Einzelflaschen vollzogen wird und der aufwendige Teil des Degorgierens entfällt. Das Tankgärverfahren ergibt aber keine so feine Perlung wie die Méthode traditionnelle.

Bekannte Vertreter sind:
- Einfache Sekte aus Deutschland
- Prosecco
- Asti Spumante
- Einfache Sparkling Wines aus Übersee

Transvasierverfahren

Diese Methode ist eine Kombination der Tankgärmethode und der traditionellen Methode. Die zweite Gärung findet in der Flasche statt. Das Hefedepot wird aber nicht einzeln aus den Flaschen entfernt, sondern die Flaschen werden stark gekühlt und in einen Druckstahltank transferiert. Das Depot wird unter Druck aus dem Schaumwein filtriert, die Versanddosage zugeführt und der Wein in die Flaschen abgefüllt. Das Transvasierverfahren bewirkt eine feine und lang anhaltende Perlung.

Bekannte Vertreter sind:
- Sekte aus Deutschland
- Sparkling Wines aus Übersee (USA, Australien)

Kohlensäureimprägnierung

Dies ist das einfachste und kostengünstigste Verfahren, aus einem Wein einen Schaumwein zu machen. Hier wird dem stark gekühlten Wein unter Druck CO_2 eingespritzt. Anschliessend wird der Wein unter Druck in die Flaschen gefüllt. Leider verhält sich das CO_2 untypisch. So schnell, wie es im Wein ist, so schnell verflüchtigt es sich auch nach dem Einschenken wieder aus dem Glas. Es entwickelt sich eine grobe, explosionsartige Perlung von nur sehr kurzer Dauer.

Bekannte Vertreter sind:
- Günstigste Sekte aus Deutschland
- Günstigste Proseccos (frizzante)

5.6 REBBAUREGIONEN SCHWEIZ

Die Schweiz mit ihren rund 15'000 ha Reben gehört zu den kleineren Weinbaunationen der Welt. Meist werden Reben entlang von Seen, Flüssen oder an optimalen Südhängen zwischen 400 und 600 m ü. M. angebaut. In einigen speziellen Lagen im Wallis wird sogar bis auf über 1'000 m ü. M. erfolgreich Rebbau betrieben.

Typisch für die Schweiz sind die vielen verschiedenen geografischen Gegebenheiten und Traubensorten jeder Weinregion. Dies ist dem Wechsel von Klima, Böden und Traditionen zuzuschreiben. So werden in klimatisch begünstigten Regionen Weine von internationalem Format mit einer hervorragenden Aromatik erzeugt.

DIE WESTSCHWEIZ

Rund drei Viertel der Rebbaufläche der Schweiz befinden sich in der Westschweiz. Die bekanntesten Weinbauregionen sind: das Wallis, das Waadtland, Genf, Neuenburg, Bern (Ausnahme Thunersee), Freiburg und der Jura.

Das Wallis (Valais)

Geografie
Das Walliser Weinbaugebiet mit seinen 5'200 ha ist in vier Regionen unterteilt:
1. **Oberwallis:** ab Sierre ostwärts bis zu den Visperterminen, den höchsten Rebbergen Europas mit teilweise über 1'000 m ü. M.
2. **Mittelwallis:** auch Zentralwallis genannt, von Sierre bis Chamoson
3. **Unterwallis:** von Leytron bis Martigny
4. **Chablais valaisan:** von Martigny bis nach Vouvry

Klima
Das Wallis hat ein kontinentales Klima mit relativ kalten Wintern. Sommer und Herbst weisen vom Föhn geprägte Schönwetterperioden auf. Die Alpen riegeln das Wallis ab, deshalb ist die Niederschlagsmenge gering.

Böden
Die Böden sind im oberen Rhônetal meist kalkhaltig. Im unteren Rhônetal enthalten sie vermehrt kristallines Verwitterungsmaterial. Der Rhônegletscher hat mit seinen Moränen unterschiedliche Bodenverhältnisse zurückgelassen. Von Kiesschichten bis Schieferformationen trifft man alle Bodentypen an.

Trauben
Es werden viele verschiedene Weissweinsorten angebaut: Chasselas (Fendant), Grüner Sylvaner (Johannisberg), Arvine (Petite), Chardonnay, Malvoisie (Pinot Gris), Muscat, Ermitage (Marsanne Blanche), Heida (Paien, Savagnin Blanc), Amigne und Pinot Blanc.

Auch die Palette der blauen Rotweintrauben ist sehr vielfältig. Es werden angebaut: Pinot Noir, Gamay, Syrah, Humagne Rouge, Cornalin, Diolinoir, Gamaret und Cabernet Sauvignon.

Weingesetzgebung
Das Wallis kennt eine Hauptappellation, die AOC Valais (AOC = Appellation d'Origine Contrôlée, frz. für kontrollierte Herkunftsbezeichnung). Gemeinden dürfen bei entsprechender Herkunft und Verarbeitung des Traubenguts diese Bezeichnung auf der Etikette tragen. Einige Weinbaugemeinden wie Salgesch, Vétroz usw. führen die Bezeichnung Grand Cru, einen Hinweis auf ein eigens ausgearbeitetes Qualitätsreglement.

Das Wallis besitzt nicht nur eine riesige Anzahl an Traubenspezialitäten mit internationalen Formaten, sondern produziert auch noch verschiedene Weinspezialitäten.

Die bekannteste Rotwein-Assemblage heisst Dôle. Sie besteht aus 85% Pinot Noir und Gamay, wobei Pinot Noir überwiegen muss. Die restlichen blauen Trauben müssen aus Walliser Produktion stammen. Eine Spielart ist der Dôle blanche, ein Federweisser aus Pinot Noir und Gamay, wobei zu 50% Pinot Noir enthalten sein muss.

Grain Noble ist ein neueres Label aus dem Jahr 1996, das die Produzenten zur Erzeugung hochwertiger Weine aus edelfaulen Trauben verpflichtet. Gleichzeitig werden immer noch Flétri-Weine, deren Trauben am Stock bis zur Überreife und Eintrocknung hängen bleiben, produziert.

Weinstil
Die Walliser Weine gelten im Allgemeinen als eher gehaltvoll. Das Verhältnis von Weiss- und Rotweinen hat sich markant zugunsten der Rotweine verschoben. Eine komplexe Aromatik gepaart mit Frucht und Alkohol zeichnet diese Weine aus.

Waadt (Vaud)

Geografie
Im Waadtland wird auf rund 3'870 ha Wein produziert. Das Waadtland teilt sich auf in die Untergebiete **Chablais, Lavaux, La Côte** und in das **nördliche Waadt** mit Côte de l'Orbe, Bonvillars und Vully.

Die bekanntesten Orte aus
- **Chablais:** Bex, Ollon, Aigle, Yvorne und Villeneuve
- **Lavaux:** Villette, Lutry, Epesses, Dézaley, St. Saphorin, Chardonne
- **La Côte:** Morges, Aubonne, Féchy, Mont-sur-Rolle, Vinzel, Luins

Klima

Das Waadtland hat ein kontinentales Klima mit relativ kalten Wintern und warmen Sommern. Die atemberaubend schönen Rebberge sind entlang dem Lac Léman oder den Juraseen und der Wasserscheide der Rhône angelegt. Das milde Klima in der Nähe von Gewässern fördert den Rebbau.

Böden

Es sind sehr verschiedene Böden anzutreffen. Im nördlichen Waadtland und in der La Côte dominiert der Jurakalk. Im Lavaux herrschen Molasseböden vor. Das Chablais wird hingegen durch den Voralpenkalk geprägt.

Trauben

Als Weissweinsorten werden mehrheitlich Chasselas, Chardonnay, Pinot Gris und Pinot Blanc angepflanzt. Als blaue Rotweintrauben werden vor allem Pinot Noir, Gamay, Gameret und Garanoir kultiviert.

Weingesetzgebung

Das Waadtland kennt eine Hauptappellation, die AOC Vaud. Gemeinden dürfen bei entsprechender Herkunft und Verarbeitung des Traubenguts diese Bezeichnung auf der Etikette tragen. Einige der bekanntesten Lagen sind Grand Cru, Dézaley und Calamin. Sie verfügen über ein erstaunliches Potenzial.

Das Waadtland führt auch noch einige alte Bezeichnungen, die teilweise noch heute zu sehen sind. Salvagnin ist ein Wein, der aus Pinot Noir, Gamay oder durch eine entsprechende Assemblage entsteht. Terravin ist eine Bezeichnung für Spitzenweine aus dem Waadtland.

Weinstil

Die Weissweine werden stark durch die Bodenbeschaffenheit ihrer Rebberge geprägt und zeichnen sich durch eine wunderbare Frische und Frucht aus, gepaart mit milder Säure.

Die Rotweine sind recht kräftig und basieren oft auf Pinot Noir. Bekannte Namen: Dézaley Clos des Abbay, Yvorne Clos du Rocher.

Genf (Genève)

Geografie
Die Fläche des Weinanbaus im Kanton Genf beträgt 1'426 ha und wird in drei Untergebiete aufgeteilt: in das **Rive droite** (rechtes Seeufer) mit den grössten Rebbaugemeinden Satigny und Peissy, in das **Entre Arve et Lac** (linkes Seeufer) mit den bekannten Orten Jussy und Choulex und in die Region zwischen **Arve und Rhône,** wo die bekannten Orte Barsonnex und Lully liegen.

Klima
Das Klima des Kantons Genf wird durch den Jura und die Voralpen beeinflusst, die die Wolken aus dem Westen ablenken. Durch die Ausrichtung der sanften Hänge Richtung See erwärmt sich die Morgenluft schnell, was den Rebbau begünstigt.

Böden
Hier findet man homogene Böden meist aus Sand und Lehm, die aus Geschiebe von Flüssen, aus Schwemmland und aus Ablagerungen der Gletschermoränen entstanden sind.

Trauben
Die Weissweinsorten sind: Chasselas (Perlan), Chardonnay, Pinot Blanc, Sauvignon Blanc, Müller-Thurgau, Aligoté und Pinot Gris.

Als blaue Rotweintrauben werden angebaut: Gamay, Pinot Noir, Gameret, Merlot und Cabernet Sauvignon.

Weingesetzgebung
Die erste AOC der Schweiz entstand 1988 in Genf – die AOC Genève. Alle Weine werden einer Degustation und Analyse unterzogen, wenn sie Anspruch auf die AOC erheben. Die höchste AOC ist die Premier Cru, gefolgt von der kommunalen und regionalen AOC. Der Mindestzuckergehalt und der Höchstmengenertrag bestimmen die AOC und die Zuteilung von besonders privilegierten Parzellen.

Weinstil
Genfer Weine beeindrucken sehr stark durch ihre Assemblagen. Dieser Stil ergibt je nach Mischung fruchtige, feurige oder gar gehaltvolle Weine. Zudem sind die Weissweine der Aligoté und der Sauvignon Blanc exzellent fruchtbetont und authentisch. Die Rebsorte Gameret ergibt tiefdunkle und dunkelbeerige Weine und eignet sich für Verbindungen mit Merlot-Assemblagen.

Dreiseenregion (Trois Lacs)

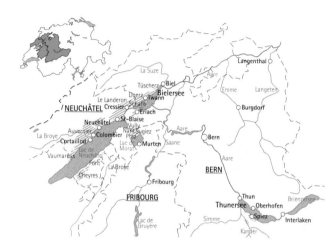

Geografie
Die Dreiseenregion umfasst den Kanton Neuenburg mit dem Neuenburgersee, den Kanton Bern mit dem Bielersee und den Kanton Freiburg mit dem Murtensee. Zusammen umfasst ihr Weinbaugebiet rund 940 ha.

Bekannte Orte
- **im Kanton Neuenburg:** Le Landeron, Cressier, Auvernier, Cortaillod, Boudry usw.
- **am Bielersee:** Tüscherz, Twann, Ligerz, Schafis, La Neuveville usw.
- **im Kanton Freiburg:** Mont Vully, Broye-Gebiet und eine bekannte Exklave in St. Saphorin (Domaine les Faverges)

Klima
Das Klima wird stark durch die Seen und die Jurakette geprägt. Seen und Berge mildern die Kälte des Winters und die Hitze des Sommers.

Böden
Dominant sind am Neuenburgersee und Bielersee die Kalkböden, die ab und zu von Mergelböden durchbrochen werden. Im Kanton Freiburg finden sich vor allem Sandstein-Molasse-Böden.

Trauben
Die Weissweinsorten sind: Chasselas, Chardonnay, Sauvignon Blanc, Pinot Gris, Gewürztraminer und Viognier.
Die blauen Rotweintrauben sind fast ausschliesslich Pinot Noir.

Weingesetzgebung
Alle drei Regionen verfügen über eine eigene AOC. Spezialitäten sind der Rosétyp «Oeil de Perdrix», der aus 100% Pinot Noir gekeltert werden muss; neu auch der «Perdrix Blanche», ein Federweisser aus der Pinot-Noir-Traube.

Weinstil
Die Region bringt hervorragend erfrischende Weissweine mit betonter Frucht hervor. Die Rotweine sind aromatisch und beerig von mittlerer Statur. Die Roséweine gehören zu den besten der Schweiz. Speziell zu erwähnen sind die hervorragenden Schaumweine des Typs «Méthode traditionnelle» aus dem Kanton Neuenburg, die nach dem gleichen Verfahren wie Champagner hergestellt werden, und die altehrwürdigen «Sur Lie»-Weine, bei denen die Hefe bis zum Frühjahr im Wein bleibt. Dadurch entstehen der typische Hefeduft und der höhere Kohlensäuregehalt.

DIE OSTSCHWEIZ (DEUTSCHSCHWEIZ)

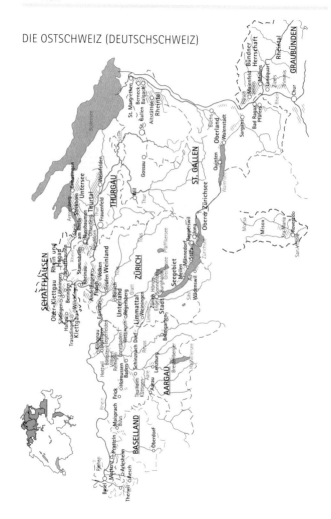

Das Klima und die Böden sind in der Ostschweiz sehr unterschiedlich. Im Norden dominieren kalkhaltige, sandige und lehmige Böden, Richtung Graubünden findet man Schuttkegel mit Schiefer.

Zur Ostschweiz zählen die folgenden Weinbaukantone: Zürich, Schaffhausen, Thurgau, St. Gallen, Graubünden, Aarau, Baselland. Selbstverständlich verfügen auch noch weitere Kantone über kleine Rebflächen, die mengenmässig aber nur für die regionalen Gebiete bestimmt sind. Dazu gehören: Solothurn (mit Dornach), Luzern (mit Nussbaumen), Schwyz, Glarus, Zug, Bern (Thunersee mit Spiez und Oberhofen).

Trauben
Die wichtigsten Weissweinsorten (weisse und rote Trauben) sind: Müller-Thurgau, Räuschling, Pinot Gris, Gewürztraminer, Chardonnay usw.

Die Ostschweiz wird bei den blauen Rotweintrauben von der Blauburgundertraube dominiert. Mittlerweile werden aber auch etwas Cabernet Sauvignon/Franc Merlot und interspezifische Rebsorten wie Regent, Maréchal Foch usw. angebaut.

Weingesetzgebung
Seit 2007 tragen alle Weine der Ostschweiz der Kategorie I die AOC. Bereits im Vorfeld hatten einige Deutschschweizer Kantone ihre kontrollierte Ursprungsbezeichnung AOC eingeführt.

Weinstil
Die Weissweine sind stark durch die Bodenbeschaffenheit geprägt und zeichnen sich durch eine wunderbare Frische von Pfirsich und Zitrusfrüchten aus, gepaart mit milder Säure.

Die Rotweine sind sehr beerig und elegant mit vielen Himbeer- und Erdbeernoten. Sie sind kräftig und basieren oft auf Pinot Noir.

Zürich

Geografie

Der grösste Rebbaukanton der Ostschweiz mit rund 623 ha Weinanbaufläche grenzt im Norden an Schaffhausen und erstreckt sich bis nach St. Gallen.

Die Untergebiete sind der **Zürichsee** mit den Gemeinden Meilen, Stäfa, Männedorf und Wädenswil, das **Limmattal** mit der grossen Weingemeinde Weiningen, das **Zürcher Unterland** mit Regensberg, Bülach und Eglisau, das **Zürcher Weinland** mit den Gemeinden Andelfingen, Stammheim und Flaach und die **Stadt Zürich** mit verschiedenen Kleinparzellen mitten in der Stadt: Enge, Höngg, Burghalde und Sonnenberg.

Spezialitäten

Als Spezialität wird die weisse Traubensorte Räuschling (Züriräbe), die einen fruchtbetonten Weisswein ergibt, angebaut. Des Weiteren findet man hier das Mischen (Blenden) von weissen und/oder blauen Weinen.

Schaffhausen

Geografie

Mit rund 470 ha ist Schaffhausen der zweitgrösste Rebbaukanton der Ostschweiz und erstreckt sich entlang der deutschen Grenze. Gleichzeitig verfügt er mit Hallau und Oberhallau über das grösste zusammenhängende Weingebiet der Ostschweiz von rund 200 ha.

Die Untergebiete teilen sich auf in das **Klettgau** mit den Gemeinden Hallau, Wilchingen und Trasadingen, in das **Oberklettgau** mit den Gemeinden Beringen, Löhningen und Siblingen, das **Rheingebiet** und **Hagnau** mit der wunderschönen Stadt Schaffhausen und Stein am Rhein.

Graubünden

Geografie

Graubünden ist wohl der bekannteste Deutschschweizer Weinbaukanton mit rund 416 ha Rebfläche, die von Selbstkelterern dominiert wird. Dank dem Föhn, einem Fallwind, der auch als «Traubenkocher» bezeichnet wird, erhalten hier die Trauben eine besondere Trocknung.

Die Untergebiete sind die **Bündner Herrschaft** mit den Gemeinden Maienfeld, Malans, Jenins und Fläsch, das **Rheintal** mit den bekannten Gemeinden Zizers, Trimmis und Chur und das Misox (Seite 80).

Spezialitäten

Die weisse Traubensorte Completer ist eine charaktervolle und gesuchte Rarität, ebenso der Schiller (Seite 46).

Graubünden ist sehr offen gegenüber modernen und internationalen Traubensorten. So werden Cabernet Sauvignon, Merlot, Chardonnay usw. und auch interspezifische Traubensorten angebaut.

Aargau

Geografie

Die Nummer vier der Ostschweiz mit rund 392 ha wird in folgende Untergebiete aufgeteilt: **Schenkenbergtal** mit der Gemeinde Schinznach, Geissberg mit der Gemeinde Villigen, Fricktal mit der Gemeinde Bözen, **Seetal** mit der Gemeinde Seengen, Reusstal mit der Gemeinde Birmensdorf, **Limmattal** mit der Gemeinde Ennetbaden, **Unteres Aaretal** mit den Gemeinden Tegerfelden und Klingnau.

Früher war dieser Kanton bekannt für die exzellenten Weissweine des Typs Riesling x Sylvaner. Heute wird verstärkt auf Rotweintrauben gesetzt.

Thurgau

Geografie
Mit immerhin 265 ha und einer sehr reizvollen Hügellandschaft ist der Kanton Thurgau eine Gegend, die dank ihrem Mikroklima dem Burgund in nichts nachsteht.

Die Untergebiete **Untersee** mit den bekannten Gemeinden Steckborn, Arenenberg und Ermatingen und das **Thurtal** mit Weinfelden, Nussbaumen und Neunforn werden mehrheitlich von Blauburgunder beherrscht.

Spezialitäten
Kerner, Pinot Gris, Gewürztraminer und noch viele mehr lösen die Müller-Thurgau langsam ab.

St. Gallen

Geografie
Die rund 218 ha Rebfläche des Kantons St. Gallen profitieren wie das Bündnerland vom Föhneinfluss.

Die Untergebiete sind das **Rheintal** mit den Gemeinden Balgach, Berneck und Altstätten, das **Oberland** mit den Gemeinden Sargans und Quinten und der **obere Zürichsee** mit Rapperswil und Jona.

Baselland

Geografie
Die rund 100 ha Rebfläche des Kantons Baselland liegen im Norden der Schweiz. Die Weine haben hauptsächlich regionale Bedeutung und kommen aus den folgenden Weinorten: Buus, Maisprach, Aesch und Arlesheim.

Weitere Kantone

Auch die Kantone Basel-Stadt, Luzern, Glarus, Zug, Schwyz, Nidwalden und Appenzell besitzen Reblagen mit nur regionaler Bedeutung.

DIE SÜDSCHWEIZ

Der Kanton Tessin und der italienischsprachige Teil von Graubünden, das Misox, bilden die weingeografische Südschweiz, wobei das Misox von der produzierten Menge her unbedeutend ist. Das Tessin ist mit seinen rund 1'020 ha der viertgrösste Rebbaukanton der Schweiz.

Geografie
Die Südschweiz wird in die Untergebiete Sopraceneri mit den bekannten Gemeinden Gordola, Bellinzona, Camorino und Malvaglia und in das Untergebiet **Sottoceneri** mit Chiasso, Morbio Inferiore, Castel San Pietro, Stabio und weitere mehr unterteilt.

Klima
Das Tessin ist nicht nur die Sonnenstube der Schweiz, sondern weist auch extrem viel Niederschlag auf, der zwar nicht oft, dafür aber heftig meist im Frühling und Herbst fällt. Die wochenlangen trockenen und warmen Perioden sowie die milden und nebelfreien Wintermonate sind der grosse Vorteil des Tessins.

Böden
Die Böden zu beschreiben ist unmöglich, da diese so vielfältig sind. Das Muttergestein im Süden bilden mehrheitlich Kalk- und Lehmböden und es besteht zum Teil aus Vulkangestein. Im Norden dominieren Granit und Gneis.

Trauben
Wer an das Tessin denkt, denkt an Merlot. Die Erfolgsgeschichte der Traube aus dem Bordelais dauert schon über 100 Jahre an. Gut 80 % der Rebflächen im Tessin werden mit Merlot bepflanzt. Obwohl sie heikel in der Bewirtschaftung ist und empfindlich auf Graufäule reagiert, bringt diese Traubensorte Weine von internationalem Standard hervor, die weltweite Bewunderung auslösen.

Weitere Traubensorten, die im Tessin angebaut werden:
- **Weissweinsorten:** Chardonnay, Sauvignon Blanc, Chasselas, Müller-Thurgau, Sémillon
- **Rotweinsorten:** Pinot Noir, Bondola, Cabernet Sauvignon, Cabernet Franc, Syrah, Caminoir

Weingesetzgebung
Seit 1997 besitzt der Kanton Tessin eine DOC (Denominazione di Origine Controllata).

Weinstil
Die Weissweine sind gehaltvolle, aromatische Weine mit vielen exotischen Früchten und oft mit leichtem Einfluss von Holz (Fässern).

Die Rotweine sind meist sehr gehaltvoll mit einer dunkelbeerigen Aromatik nach schwarzen Kirschen und Waldbeeren, gepaart mit würzigen Noten und einem internationalen Stil. Die feinen Gerbstoffstrukturen der Weichteile gehören ebenso zu Merlots wie die verschiedensten Stile von günstig bis hin zu unbezahlbar.

5.7 REBBAUREGIONEN FRANKREICH

Frankreich ist im Augenblick mengenmässig der grösste Weinproduzent der Welt und seit Langem einer der einflussreichsten. Einige der prestigereichsten Weine der Welt stammen aus Frankreich und es gibt kein Wein konsumierendes Land, das nicht auch französische Weine importieren würde. Doch der Einfluss Frankreichs geht noch weiter. Die Weingesetze Frankreichs haben Modellcharakter für den Rest Europas und sogar der Welt. Zudem haben die meisten heute international verbreiteten Traubensorten ihren Ursprung in Frankreich.

Die wichtigsten Weinregionen Frankreichs sind: Bordeaux, Burgund, Elsass, Champagne, Rhône-Tal, Loiretal, Provence und Languedoc-Roussillon. Die Champagne, die vor allem Schaumweine produziert, wird im Kapitel Schaumweine separat behandelt (Seite 61). Die klassischen Rebsorten der berühmtesten Weinbauregionen Frankreichs haben sich mittlerweile in vielen anderen Teilen der Welt durchgesetzt: Chardonnay, Sauvignon Blanc, Cabernet Sauvignon, Merlot, Pinot Noir und auch Syrah.

Das französische Weingesetz

In Übereinstimmung mit den Gesetzen der EU werden die Weine in zwei Haupt-Kategorien unterteilt: Qualitätsweine und Tafelweine. Beide Hauptkategorien sind in Frankreich noch einmal in zwei Unterkategorien aufgeteilt: in die Tafel- und Qualitätsweine.

Tafelweine

Vin de Table
Diese Kategorie Weine kann überall in Frankreich produziert werden. Oft sind Vins de Table Verschnitte aus Weinen verschiedensten Ursprungs und aus diversen Traubensorten. Diese Weine sind anspruchslose Alltagsweine und sollten möglichst jung konsumiert werden. Tafelweine machen rund 30% der Produktion aus.

Vin de Pays
Diese Kategorie umfasst Tafelweine mit spezieller regionaler Charakteristik. Auf der Etikette steht jeweils die Herkunft und häufig die Rebsorte. Bei den bekannten Bezeichnungen finden wir Vin de Pays d'Oc oder Vin de Pays de l'Hérault. Es gibt rund 170 verschiedene Vins de Pays. Sie machen 20% der französischen Weinmenge aus.

Qualitätsweine

Im Zentrum der Regulierungsbemühungen steht die Herkunft. Der Wein in der Flasche muss genau aus der Region stammen, die auf der Etikette aufgeführt ist.

VDQS

VDQS – Vin Délimité de Qualité Supérieure ist die einfachere Kategorie der französischen Qualitätsweine. Die Bedingungen für Traubensorten, Ertragsmenge und Vinifikationsmethoden sind strenger geregelt als bei den Vins de Pays. Hervorragende VDQS haben die Möglichkeit, in die Kategorie der AOC-Weine aufzusteigen. Momentan macht diese Kategorie nur gerade 1% der Produktion aus.

AOC

Die AOC – Appellation d'Origine Contrôlée – stellt die höchste Stufe der französischen Qualitätspyramide dar. Die Herkunft sowie die Produktionsbedingungen sind streng geregelt. Es existieren heute über 450 verschiedene Appellationen auf knapp 500'000 ha, das entspricht rund 50% der gesamten Rebfläche Frankreichs.

BORDEAUX

Die Region am Atlantik, im Departement Gironde gelegen, ist der grösste und wichtigste Lieferant Frankreichs für Qualitätsweine. Fast die gesamte Produktion besteht aus AOC-Weinen, Vins de Pays werden hier nicht produziert. Bordeaux ist die einzige Region weltweit, die sowohl rote, weisse als auch süsse Spitzenweine produziert. Daneben stammen aus der Region am Atlantik aber auch viele einfache, leichte Rot- und Weissweine, die jung zu trinken sind.

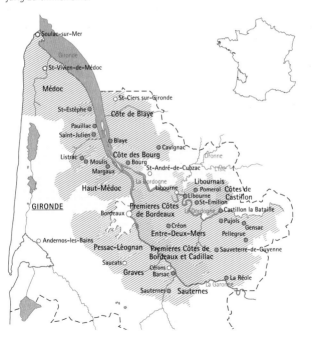

Klima

Das Wasser spielt im Bordeauxklima eine äusserst wichtige Rolle. Alle Weingebiete liegen an grossen Flüssen nahe dem Atlantik. Die Dordogne und die Garonne vereinen sich zur Gironde, die an der Spitze des Médoc in den Atlantik fliesst. Das Klima ist entsprechend mild und feucht. Die Sommer sind warm und sehr lang, die Winter sehr mild.

Böden

Bordeaux hat verschiedenste Bodenformationen. Generell herrschen im Médoc und Graves Böden aus Sand und Kies vor, während im Libournais Kalk- und Lehmböden verbreitet sind.

Traubensorten

Rotweine

Die Rotweine aus Bordeaux sind in aller Regel Assemblagen aus drei verschiedenen Traubensorten, nämlich Cabernet Sauvignon, Cabernet Franc und Merlot. Dazu kommen in kleinen Anteilen die raren Sorten Petit Verdot, Malbec und noch seltener Carmenère. Je nach Boden und Mikroklima variieren die Anteile der verschiedenen Sorten.

Weissweine

Für die Bordeaux-Weissweine, ob süss oder trocken ausgebaut, kommen vor allem zwei Sorten in die Cuvée: Sauvignon Blanc und Sémillon. Daneben spielt noch die Muscadelle (nicht zu verwechseln mit Muscat) eine untergeordnete Rolle.

Die Bordeaux-Appellationen

Wie viele französische Weingebiete hat auch Bordeaux eine Basisappellation. Genau genommen sind es zwei: Bordeaux AOC und Bordeaux supérieur AOC (für Weine mit höherem Alkoholgehalt). Diese Appellationen gelten im ganzen Produktionsgebiet sowohl für Weiss-, Rosé- als auch für Rotweine. Der grösste Teil der Bordeauxproduktion wird unter diesen einfachen Herkunftsbezeichnungen verkauft. Die weiteren Bordeaux-Appellationen verteilen sich wie folgt auf das ganze Gebiet:

Rive Gauche

Mit Rive Gauche ist das linke Ufer der Garonne bzw. der Gironde gemeint. Die beiden grössten Herkunftsgebiete, im Norden der Stadt Bordeaux gelegen, sind **Médoc AOC** und **Haut-Médoc AOC**. Das Haut-Médoc liegt südlicher (näher bei Bordeaux) und produziert im Allgemeinen höherwertige Weine. Médoc und Haut-Médoc bringen tanninreiche, langlebige Rotweine hervor, die hauptsächlich aus Cabernet Sauvignon bestehen. Weissweine sind im Médoc selten. Sie müssen als Bordeaux AOC abgefüllt werden. Sechs Gemeinden mit herausragenden Terroirs im Haut-Médoc haben Anrecht auf eine eigene Rotwein-Appellation. Es sind dies von Norden nach Süden: St-Estèphe, Pauillac, St-Julien, Margaux, Moulis und Listrac. Alle diese AOC gelten nur für Rotweine. Die Weingüter des Médoc wurden 1855 klassiert. Die besten Weingüter, die Premier Crus, heissen Château Lafite Rothschild, Château Mouton-Rothschild (1973 nachklassiert), Château Latour, Château Margaux und Château Haut-Brion.

Im Süden der Stadt Bordeaux erstreckt sich die Appellation **Graves AOC**. Der Name ist vom Boden abgeleitet, denn Graves bedeutet Kies. Im Graves wachsen sowohl hervorragende Weiss- als auch Rotweine. Die Appellation gilt für beides und die meisten Châteaux produzieren sowohl einen Rot- wie auch einen Weisswein. Die besten Weine wachsen im nördlichen Teil des Graves. Er hat seit 1987 die eigene Herkunftsbezeichnung Pessac-Léognan AOC.

Innerhalb des Gebiets Graves liegt eine Süssweinenklave, die berühmte Appellation **Sauternes AOC.** Sie gilt nur für Süssweine. Die besten Weine werden aus edelfaulen Trauben gekeltert. Die Trauben werden an den nebligen Morgen von Botrytis befallen und von der Nachmittagssonne ausgetrocknet. Vor allem Sémillon ist sehr anfällig auf diesen Pilz. Dabei wird der Zucker in den Beeren konzentriert. Weil meist nicht die ganze Traube von Botrytis befallen wird, werden in mehreren Erntedurchgängen einzelne trockene Beeren pro Traube herausgepickt. Weil die Hefen absterben, bevor der viele Zucker vergoren ist, bleibt in den Weinen eine markante Restsüsse. Neben Château d'Yquem als 1er Grand Cru Classé exceptionnel gibt es in Sauternes elf klassierte 1ers Crus und 14 klassierte 2ème Crus. Die Appellation Sauternes gilt für die fünf Gemeinden Sauternes, Bommes, Preignac, Fargues und Barsac. Die Châteaux in Barsac können ihre Weine statt als Sauternes auch als **Barsac AOC** verkaufen.

Rive Droite

Die Weingebiete rechts der Dordogne sind etwas kühler als Médoc und Graves und die Böden sind lehmiger. Entsprechend wird hier vor allem der frühreife Merlot angebaut. Aber auch Cabernet Franc ist in den Assemblagen weit verbreitet. Das grösste Gebiet des Libournais, wie diese Gegend auch genannt wird, ist St-Emilion mit den beiden **AOC St-Emilion** und St-Emilion Grand Cru. Die Appellationen gelten nur für Rotweine. Die Weine von St-Emilion haben eine eigene Klassifizierung, die im Gegensatz zum Médoc-Klassement periodisch überarbeitet wird. An der Spitze stehen hier zwei Premiers Grands Crus Classés «A»: Ausone und Cheval Blanc. Das zweite bekannte Gebiet des Libournais ist die kleinste Appellation des ganzen Bordelais: **Pomerol AOC.** Zwei hiesige Weine, aus Merlot gekeltert, haben Weltruf erlangt und erzielen heute Spitzenpreise: Château Pétrus und Château Le Pin.

BURGUND

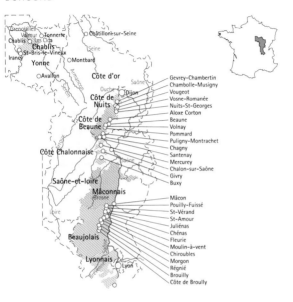

Die Weine des Burgunds verdanken wir der jahrhundertelangen Schwerarbeit von Mönchen. Sie rodeten die Hänge der Côte d'Or und legten Weinberge an. Erst, um ihren Bedarf an Messwein zu decken, später, um mit dem Verkauf die Ausgaben der Klöster zu finanzieren. Während die Weine aus Bordeaux noch weitgehend unbekannt waren, wurden Burgunder dank den Burgunder Herzögen am französischen Königshof getrunken und hatten längst internationales Renommee erreicht.

Geografische Lage

Das Burgund liegt im östlichen Zentralfrankreich. Die Rebberge ziehen sich als ein langgezogenes schmales Band von Chablis im Norden bis nach Lyon im Süden. Die ganze Weinregion wird in fünf Gebiete unterteilt: **Chablis**, Côte d'Or (**Côte de Nuits** und **Côte de Beaune**), **Côte Chalonnaise**, **Mâconnais** und **Beaujolais**.

Die Region produziert trockene Weiss- und Rotweine sowie ein wenig Schaumwein. Süssweine werden hier nicht hergestellt. Die gesamte Rebfläche (inkl. Beaujolais) beträgt rund 40'000 ha, knapp ein Drittel von Bordeaux.

Anders als in Bordeaux werden die Weine des Burgunds unter dem Namen des Weinbergs abgefüllt. Aus historischen Gründen sind diese Weinberge stark zerstückelt. Ein Rebberg hat im Normalfall eine Vielzahl von Besitzern. Der Clos Vougeot ist das Extrembeispiel: Rund 80 Besitzer teilen sich die 50 ha Rebland. Entsprechend finden wir hier unter demselben Namen Weine mit unterschiedlichster Qualität und unterschiedlichen Preisen.

Klima

Das Burgund liegt weit vom Meer entfernt, hat also ein typisch kontinentales Klima: heisse, trockene Sommer und strenge Winter mit Frost.

Böden

Der Boden ist für die Weine des Burgunds der wichtigste Faktor. Praktisch jeder Rebberg hat eine eigene spezielle Zusammensetzung. Grundsätzlich gibt es drei verschiedene vorherrschende Bodentypen: Kalk- und Kreideböden im Chablis, Kalk und Lehm in der Côte d'Or, Granit im Beaujolais.

Traubensorten

In der ganzen Region werden nur vier Traubensorten angebaut. Diese werden ausschliesslich sortenrein verwendet. Mit Ausnahme des Bourgogne Passetoutgrains (meist Pinot Noir und Gamay) bestehen also alle Burgunderweine aus einer einzigen Traubensorte.

Rotweine

Pinot Noir: für alle klassischen Rotweine des nördlichen Burgunds. Der Pinot Noir gibt eher hellfarbige Weine mit typischen Aromen von Kirschen und roten Beeren. Die Säure ist vor allem in den jungen Weinen markant und gibt ihnen Feinheit und Eleganz.

Gamay: für die Weine des Beaujolais und als Bestandteil des Passetoutgrains. Die Weine zeichnen sich durch eine intensive violette Färbung aus. Die Säure ist hoch und die Gamay-Weine schmecken jung am besten.

Weissweine

Chardonnay: Diese weltweit verbreitete Traubensorte hat ihre Heimat im Burgund und bringt hier alle klassischen Weissweine hervor: vom Chablis über die grossen Weissen der Côte de Beaune bis hin zu den Weinen des Mâconnais.

Aligoté: Diese Traubensorte war früher weit verbreitet, wird heute wegen der hohen Säure aber nur noch vereinzelt angebaut. Im klassischen Burgunder-Aperitif «Kir» wird Aligoté mit einem Schuss Cassis-Likör serviert.

Das System der Appellationen

Mit 100 eigenen Herkunftsbezeichnungen (AOC) liegt das Burgund an der Spitze aller Weinregionen und besitzt damit fast einen Viertel aller Appellationen Frankreichs. Es gibt fünf verschiedene Qualitätsstufen der Weinberge:

Grand Cru: Dies sind die wertvollsten Böden des Burgunds. Auf ihnen wachsen die besten Burgunderweine. 33 Weinberge haben das Anrecht, nur den Weinbergnamen auf dem Etikett zu tragen, immer mit dem Zusatz «Grand Cru», z. B. Montrachet, Chambertin, Musigny oder Clos de Vougeot.

Premier Cru: 562 hervorragende Weinberge haben das Recht, neben dem Dorfnamen den Weinbergnamen mit dem Zusatz «Premier Cru» auf der Etikette zu zeigen, z. B. Pommard Premier Cru «Les Rugiens».

Commune: 44 Gemeinden haben eine eigene Herkunftsbezeichnung. Im 19. Jahrhundert haben fast alle Burgunder Gemeinden ihren Dorfnamen mit demjenigen des berühmtesten Weinbergs ergänzt. Klingende Gemeindenamen sind z. B. Chambolle-Musigny oder Puligny-Montrachet. Bitte nicht verwechseln: «Musigny» ist der Grand Cru, «Chambolle-Musigny» der Wein mit Appellation Communale.

Région: Auf der einfachsten Qualitätsstufe stehen im Burgund die regionalen Herkunftsbezeichnungen. Diese erkennt man ganz einfach: Sie beinhalten immer das Wort «Bourgogne», z. B. Bourgogne AOC, für Weiss- und Rotweine.

Die Weingebiete Burgunds

Chablis

Hier wird ausschliesslich Weisswein aus der Chardonnay-Traube erzeugt. Die Weine sind trocken und zeigen eine frische Säure. Dank den armen Kalk- und Kreideböden haben sie im Bukett eine unverwechselbare mineralische Note. Wichtigste Weine: AC Chablis, AC Chablis Premier Cru (Weine aus besseren Lagen), AC Chablis Grand Cru (Weine aus den allerbesten Lagen).

Côte d'Or

Das Kerngebiet des Burgunds erstreckt sich von Dijon im Norden bis nach Santenay im Süden. Die Côte d'Or wird in zwei Untergebiete aufgeteilt: die nördliche «Côte de Nuits» und die südliche «Côte de Beaune». Ihren Namen soll die Côte d'Or übrigens nicht vom Gold haben. Er soll als Abkürzung aus dem Begriff «Côte d'Orient» hervorgegangen sein. Denn fast alle Weinberge sind Lagen nach Osten.

Die Côte de Nuits bringt praktisch ausschliesslich Rotweine aus Pinot Noir hervor. Hier sind mit einer Ausnahme alle roten Grand-Cru-Lagen zu finden. Die Weine sind eher gerbstoffreich und brauchen Lagerung. Wichtige Rotweine sind: AC Gevrey-Chambertin, AC Nuits-Saint-Georges.

In der Côte de Beaune wachsen neben charmanten Rotweinen aus Pinot Noir (z. B. AC Beaune, AC Pommard) auch die berühmten Weissweine des Burgunds, AC Puligny-Montrachet z. B. oder AC Meursault.

Côte Chalonnaise

Das kleine Gebiet rund um die Stadt Chalon erzeugt gleichermassen feine Rot- und Weissweine. Besonders bekannt sind die Weine von Mercurey. Die Weine der Côte Chalonnaise sind eher leicht und jung zugänglich. In der Gemeinde Bouzeron wachsen die besten Weine aus der Aligoté-Traube.

Mâconnais

Dieses Gebiet im südlichen Burgund erzeugt den Löwenanteil der Weissweine der Region Burgund. Immer aus der Traubensorte Chardonnay. Meist werden diese unter der einfachen regionalen Appellation Mâcon AC angeboten. Als eine Stufe besser gilt Mâcon-Villages AOC. Die besten Weine des Mâconnais kommen aus der AC St-Véran und AC Pouilly-Fuissé. Für Rotweine der AC Mâcon werden Pinot Noir und hauptsächlich Gamay verwendet.

Beaujolais

Hier werden leichte Rotweine aus der Traubensorte Gamay produziert. Sie sind in der Regel ohne Eichenholzeinfluss bereitet und besitzen einen mittleren bis hohen Säuregehalt, wenig Tannin sowie ausgeprägte Aromen von roten Früchten (Himbeere, Kirsche), manchmal mit einem Hauch Gewürz (Zimt, Pfeffer). Jung und fruchtig schmecken sie am besten. Nur einige Weine aus den ACs Morgon und Moulin-à-Vent profitieren von Flaschenreifung.

Die wichtigsten Weine sind: AC Beaujolais, AC Beaujolais Nouveau (ein im Stil sehr leichter Beaujolais, der am dritten Mittwoch im November des Erntejahrs auf den Markt kommt), AC Beaujolais-Villages (Weine höherer Qualität aus den Granithügeln im Norden der Region). Innerhalb der AC Beaujolais-Villages gibt es zehn als «Beaujolais Crus» bekannte Gemeinden, in denen der beste Wein der Beaujolais-Region produziert wird. Diese Weine tragen auf dem Etikett meist den Namen der jeweiligen Gemeinde und nicht den der Region. Am häufigsten trifft man AC Fleurie, AC Brouilly, AC Morgon und AC Moulin-à-Vent an.

Die zehn Beaujolais-Crus

Die besten Beaujolaisweine stammen aus zehn Gemeinden mit eigener Appellation, den sogenannten «Crus du Beaujolais»:

- Brouilly
- Chénas
- Chiroubles
- Côte de Brouilly
- Fleurie
- Juliénas
- Morgon
- Moulin-à-Vent
- Régnié
- St-Amour

DAS RHÔNE-TAL (CÔTES DU RHÔNE)

Das nördliche Rhône-Tal ist wahrscheinlich die älteste Weinregion Frankreichs. Es gilt als gesichert, dass hier Reben kultiviert wurden, lange bevor die Römer das Gebiet besetzten. Schon 600 v. Chr. sollen die Hänge um Hermitage terrassiert und bepflanzt gewesen sein.

Einen Aufschwung erlebte die Region im 14. Jahrhundert, als sich die Päpste vorübergehend in Avignon niedergelassen hatten. Aus dieser Zeit stammt auch die Appellation Châteauneuf-du-Pape. Denn Papst Johannes XXII. hatte bei seinem neuen Schloss einen Weinberg anlegen lassen. Über lange Zeit galten die Rhône-Weine als zu schwer und wurden vor allem als Verschnittweine für Burgunder und Bordeaux gebraucht. Erst im 20. Jahrhundert wurde die Qualität der Weine richtig entdeckt und das Potenzial des Terroirs ausgeschöpft.

Geografische Lage

Das Vallée du Rhône erstreckt sich dem Flusslauf folgend von Lyon bis nach Avignon mit einer grossen Lücke zwischen Valence und Montélimar. Das Weingebiet wird so in zwei Teile mit völlig verschiedenen Böden, Klimas und Rebsorten gespalten: die **nördliche** und die **südliche Rhône**.

Die regionale Appellation des Gebiets ist Côtes-du-Rhône AOC. Praktisch jeder Wein unter dieser Bezeichnung ist rot. Es gibt aber sowohl Weiss- als auch Roséwein.

Die nördliche Rhône

Das Tal zwischen Vienne und Valence ist eng und gewunden. Die Rebberge stehen meist auf terrassierten Steilhängen. Rebbau mithilfe von Maschinen ist hier unmöglich. Alle Arbeiten im Rebberg werden in mühsamer Handarbeit verrichtet. Entsprechend sind die Weine hier rar und kostspielig. Neben langlebigen schweren Rotweinen wird auch ein wenig Weisswein produziert.

Klima

Das Klima in der nördlichen Rhône ist kontinental geprägt, d.h. heisse, trockene Sommer und strenge Winter. Ein wichtiger Klimafaktor ist der Mistral. Der kalte Nordwind fegt oft mit gegen 100 km/h durchs enge Tal und macht Rebbau an vielen Lagen unmöglich. Willkommen ist der Wind allerdings nach Regenfällen, denn er kann die Rebberge in wenigen Stunden wieder komplett austrocknen.

Böden

Der Boden im nördlichen Teil besteht hauptsächlich aus Granit, teilweise vermischt mit Sandstein.

Traubensorten

Wie im Burgund werden die Rotweine der nördlichen Rhône aus einer einzigen Traubensorte gekeltert. Hier ist es Syrah. Sie produziert tieffarbene, kraftvolle Weine mit viel Frucht. In der Jugend sind die Weine wegen des hohen Anteils an Gerbstoffen schwer zu geniessen. Sie brauchen mehrere Jahre Lagerung, um sich zu entfalten. Für die Weissweine werden verschiedene lokale Traubensorten verwendet: Viognier, Marsanne und Roussanne.

Appellationen der nördlichen Rhône

Acht Gemeinden haben eine eigene AOC. Die beiden wichtigsten sind Côte-Rôtie und Hermitage. Rund um Hermitage liegt die Appellation Crozes-Hermitage, die etwas rustikalere, einfachere Weine hervorbringt. Bekannte Weissweine sind der Hermitage blanc sowie der Condrieu aus der raren Traubensorte Viognier.

Die südliche Rhône

Südlich von Montélimar verbreitert sich das Tal. Anstelle der Steilhänge treten weite, flache Weinberge mit steinigen Böden. Auch hier werden meist Rotweine gekeltert, daneben aber auch Rosé- und wenige Weissweine. Im Gegensatz zum Norden, wo edle Weine in kleinen Mengen von Hand hergestellt werden, ist der Süden die Region der Massenwein-Industrie. Doch hier gibt es auch einige herausragende Ausnahmen.

Klima
Der südliche Teil des Rhône-Tals ist vom Mittelmeerklima geprägt. Die Winter sind mild, und die warmen Sommer ziehen sich weit in den Herbst hinein. Es gibt wenig Niederschlag. Der meiste Regen fällt im Frühjahr und Herbst. Der Mistral bläst auch hier, nur nicht so heftig wie in der nördlichen Talenge. Zwischen den Rebbergen stehen deshalb allerorts Zypressenreihen und hohe Buschhecken als Windschutz.

Böden
Die Böden sind sehr unterschiedlich, meist «Limestone» als Unterlage mit Sand bedeckt. Die besten Terroirs in Châteauneuf-du-Pape sind mit kopfgrossen Steinen bedeckt.

Traubensorten
Im Gegensatz zum Norden, wo die Weine aus einer einzigen Traube gekeltert werden, sind in der südlichen Rhône Assemblagen erlaubt. Die Weine bestehen aus verschiedensten roten und weissen Sorten. Die häufigsten sind: Grenache, Syrah, Cinsault und Mourvèdre, wobei Grenache weitaus am meisten angebaut wird. Für die Herstellung eines Châteauneuf-du-Pape sind nicht weniger als 13 verschiedene Trauben zugelassen, darunter auch weisse.

Die Appellationen der südlichen Rhône
Neben der regionalen Herkunftsbezeichnung AC Côtes-du-Rhône gibt es im Süden die höherwertige Bezeichnung Côtes-du-Rhône-Villages AOC. Die Weine sind intensiver, vielschichtiger und mit längerem Abgang. Einige davon sind besonders renommiert. Sie dürfen anstelle von «Villages» ihren Dorfnamen auf das Etikett schreiben, z. B. «Côtes-du-Rhône Rasteau AOC». Die besten Weine stammen aus Gemeinden mit eigenen AOC. Tavel ist bekannt für seine kräftigen Roséweine. Entgegen dem üblichen Vorgehen, nur blaue Trauben zu verwenden, werden hier Rot- und Weissweintrauben zusammen vinifiziert.

Feine Rotweine kommen aus den AOC Gigondas und Vacqueyras. Die besten Weine des südlichen Rhône-Tals stammen bestimmt aus Châteauneuf-du-Pape. Die Reben wachsen in niedrigen Büschen auf Böden, die nur aus grossen Steinen bestehen. Diese reflektieren am Tag das Sonnenlicht und geben in der Nacht die gespeicherte Wärme an die Reben ab. Die Weinberge sind so besser gegen den kalten Mistral geschützt. Die Weine von Châteauneuf-du-Pape haben immer einen hohen Alkoholgehalt, 12,5 Vol.-% sind das Minimum, 14 Vol.-% sind keine Seltenheit.

DER SÜDEN FRANKREICHS

Provence

In der Provence wird hauptsächlich Roséwein hergestellt, daneben wenige trockene Rotweine und etwas Weisswein.

Klima und Böden

Entsprechend der Lage am Mittelmeer profitiert die Provence ganzjährig von einem warmen, mediterranen Klima. Die Böden sind in den verschiedenen Gebieten unterschiedlich, sie spielen eine untergeordnete Rolle.

Traubensorten

In der Provence werden genau dieselben Sorten angebaut wie im südlichen Rhône-Tal. Grenache, Syrah, Mourvèdre und Cinsault sind die wichtigsten.

Appellationen
Côtes-de-Provence AOC und Coteaux-d'Aix-en-Provence AOC sind die beiden wichtigsten Herkunftsbezeichnungen. Beide produzieren grosse Mengen von Rosé- und Rotweinen.

Languedoc-Roussillon

Der Grossteil der französischen Vins de Pays wird hier produziert (Vin de Pays d'Oc), es gibt aber auch einige wichtige AC-Weine. Die meisten sind rote Verschnitte aus lokalen Traubensorten, zu denen meist Grenache und in zunehmendem Masse auch Syrah gehört. Es gibt grosse Unterschiede in Stil und Qualität. Weine mit einem hohen Grenache-Anteil sind körperreich mit Noten von roten Früchten und Gewürzen. Abgesehen von einigen teuren erstklassigen Gewächsen werden hier mehrheitlich einfache Weine zu niedrigen Preisen erzeugt.

Klima und Böden
Wie in der Provence herrscht auch hier ein ganzjähriges Mittelmeerklima, das die Trauben voll ausreifen lässt. Die Böden bestehen meist aus einer komplexen Zusammensetzung uralter Verwitterungsgesteine.

Traubensorten
Grenache ist am weitesten verbreitet, aber die edle Sorte Syrah holt auf. Daneben werden genau wie in der Provence oder in der südlichen Rhône Cinsault und Mourvèdre kultiviert. Viele Vin de Pays d'Oc werden sortenrein aus internationalen Trauben gekeltert. Deshalb findet man im Languedoc auch Cabernet Sauvignon, Merlot oder Chardonnay.

Appellationen

Das Languedoc ist die Heimat vieler einfacher Vins de Pays. Viele Weine kommen einfach unter der Bezeichnung Vin de Pays d'Oc auf den Markt. Sie dürfen im ganzen Gebiet produziert werden. Daneben haben sich in den letzten Jahren aber viele AOC mit hochwertigen Weinen einen Namen geschaffen. Die wichtigsten sind die neu geschaffene AC Languedoc sowie Côtes du Roussillon, Costières de Nimes, Fitou, Corbières und Minervois.

DAS LOIRE-TAL

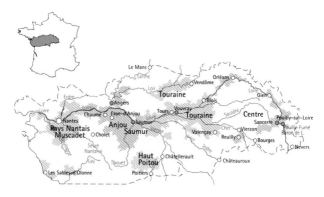

Die Loire ist der längste Fluss Frankreichs. Sie entspringt dem Massiv Central und erstreckt sich über 1'000 km und zehn Regionen, bis sie in der südlichen Bretagne in den Atlantik mündet. Die Weinregionen säumen den Fluss zwischen dem Atlantik und Zentralfrankreich. An der Loire wird zum Grossteil Weisswein angebaut, in Anjou vor allem Rosé- und überall auch ein wenig Rotwein.

Klima

Die Klimabedingungen ändern sich, je weiter man dem Fluss zur Quelle folgt. Bei Nantes herrscht ein mildes, feuchtes Atlantikklima, während Sancerre über ein reines Kontinentalklima mit heissen Sommern und strengen Wintern verfügt.

Böden

Natürlich sind in dieser grossen Region die Böden nicht einheitlich. Trotzdem kann man davon ausgehen, dass Kalk und Kreide vorherrschen.

Traubensorten

Weissweine: Melon de Bourgogne, Chenin Blanc und Sauvignon Blanc sind die meist angebauten weissen Trauben für Weissweine.
Rotweine: Für fast alle Rosé- und Rotweine wird Cabernet Franc verwendet.

Die Appellationen der Loire

Nantais

Die weisse Traubensorte **Melon de Bourgogne** liefert hier trockene Weine ohne Eichenholzeinfluss mit mittlerem Körper, schwacher, fast neutraler Frucht und eher hohem Säuregehalt. Wichtigste Weine sind **AC Muscadet** und **AC Muscadet de Sèvre et Maine** (höherwertige Weine aus der grossen Unterregion).

Die Weine mit dem Zusatz **Sur lie** werden eine Zeit lang auf dem Hefesatz (der nach der Gärung abgestorbenen Hefezellen) gelagert, was ihnen etwas mehr Körper und Komplexität verleiht.

Touraine und Anjou-Saumur Weissweine

Hier wird die **Chenin-Blanc-Traube** zu einer Reihe von Weinen unterschiedlicher Stile verarbeitet. Die meisten sind von mittlerem Körper, mittlerer Süsse, hohem Säuregehalt, ohne Eichenholzeinfluss und weisen Noten von Zitrus-, grünen und tropischen Früchten (Zitrone, Apfel, Ananas) sowie gewissen pflanzlichen Aromen auf (grüne Blätter). Auch trockene und süsse Weine werden produziert. Chenin Blanc ist wie Riesling, Pinot Gris und Sémillon sehr empfänglich für Edelfäule.

Die wichtigsten Appellationen sind: **AC Vouvray** (erstklassige Appellation für Chenin Blanc, trocken, lieblich oder süss); **AC Touraine** (preisgünstige trockene Weisse von Sauvignon Blanc oder Chenin Blanc); **AC Saumur** (sowohl weisse Qualitätsweine als auch billige Erzeugnisse und Massenweine von Chenin Blanc, trocken, lieblich oder süss); **AC Côteaux du Layon** (süsser Chenin Blanc zum Teil von Weltklasse).

Touraine und Anjou-Saumur Rosé- und Rotweine

Liebliche und süsse Roséweine werden unter den folgenden Appellationen bereitet: **AC Rosé d'Anjou** (aus Gamay und Grolleau); **AC Cabernet d'Anjou** (aus Cabernet Franc und Cabernet Sauvignon). Cabernet Franc liefert Rotweine mit mittlerem oder leichtem Körper, normalerweise mit hohem Säuregehalt, wenig oder mässig Tannin sowie Aromen von roten Früchten und pflanzlichen Noten (rote Johannisbeere, Himbeere, Zeder, grüner Pfeffer). Die wichtigsten Weine sind: **AC Chinon** und **AC Bourgueil.**

Obere Loire (oder Centre Loire)

Die beiden Appellationen Sancerre AC und Pouilly-Fumé AC bringen nach Meinung vieler Experten die besten Sauvignon-Blanc-Weine der Welt hervor. Die Traubensorte fühlt sich hier auf den Kalk-Tonböden besonders wohl und gibt säurereiche Weine mit unverkennbarem Rauchgeschmack. (Pouilly-Fumé ist nicht mit der fast gleichnamigen Gemeinde Pouilly-Fuissé im Mâconnais zu verwechseln. Dort wird Chardonnay erzeugt.)

DAS ELSASS

Das Elsass liegt im äussersten Nordosten Frankreichs entlang dem Rhein und grenzt bei Basel an die Schweiz. Die Region, die durch das Massiv der Vogesen vom restlichen Frankreich abgeschnitten ist, gehörte verschiedentlich zu Deutschland und ging letztmals erst 1919 wieder zurück an Frankreich. Die Weinberge mussten nach dem Ersten Weltkrieg komplett neu angelegt werden und waren lange Zeit international kaum bekannt.

Das Elsass bringt fast ausschliesslich Weissweine hervor (über 90 %). Mit wenigen Ausnahmen sind alle davon trocken. In kleinen Quantitäten wird auch ein leichter Rotwein aus Pinot Noir gekeltert. Das Elsass hat ein kontinentales Grundklima: heisse Sommer und kalte Winter. Weil die Region durch die Vogesen gegen die stürmischen Westwinde komplett abgeschirmt wird, ist es im Elsass aussergewöhnlich sonnig und trocken. Colmar ist nach Perpignan im Languedoc die Stadt mit den meisten Sonnenstunden in Frankreich! Trotz der nördlichen Lage reifen die Trauben im Elsass deshalb gut aus und bringen auch hohe natürliche Alkoholgrade.

Traubensorten

Das Elsass unterscheidet sich von den übrigen französischen Regionen vor allem dadurch, dass die Traubensorte und nicht die Herkunft im Vordergrund steht. Die Weine werden hier praktisch immer sortenrein ausgebaut. Die wichtigste Rebsorte im Elsass ist der Riesling. Er gibt trockene, säurereiche Weine mit kräftiger Aromatik.

Pinot Gris (früher Tokay d'Alsace) steht hier für körperreiche trockene, liebliche und süsse Weissweine mit würzigen, tropischen Fruchtnoten (Ingwer, Banane, Melone), gelegentlich mit einem Hauch von Honig.

Gewürztraminer ergibt stark duftende Weissweine, die trocken, halbtrocken oder lieblich im Stil sein können, aber immer körperreich und alkoholstark sind. Zu den typischen Aromen gehören Blumendüfte (Rose, Orangenblüte), tropische und Steinfrüchte (Litschi, Pfirsich, Weintraube) und moschusartige süsse Gewürze (Ingwer, Zimt). Die meisten schmecken jugendlich und frisch-fruchtig am besten, einige aber entwickeln mit dem Alter interessante Noten von Fleisch, Honig und Nüssen.

Erfrischende Weissweine ohne Eichenholzeinfluss werden auch von Pinot Blanc und Muscat bereitet. Sie sind in der Regel trocken. Die meisten Weine aus dem Elsass sind zwar weiss, man findet aber auch einige sehr helle Rotweine von Pinot Noir.

Appellationen

Im Gegensatz zu anderen Gebieten ist das System der Appellationen im Elsass ganz simpel. Es existieren nur gerade drei kontrollierte Ursprungsbezeichnungen: Alsace AOC, Alsace Grand Cru AOC (die besten Lagen) und Crémant d'Alsace AOC (Schaumwein). In den Grand-Cru-Weinbergen dürfen nur die vier noblen Weissweinsorten Riesling, Gewürztraminer, Pinot Gris und Muscat angebaut werden. Auf den Etiketten findet man manchmal die Zusatzbezeichnungen «Vendanges tardives» (Spätlese) bzw. «Séléction de grains nobles» (Beerenauslese). Es handelt sich dann um süsse Varianten der Weine.

CHAMPAGNER

In der nördlichsten Weinbauregion Frankreichs befindet sich das Gebiet Champagne. Noch heute gelten Schaumweine aus dieser Region als die edelsten und delikatesten der Welt. Deshalb ist diesem Produkt ein eigenes Kapitel gewidmet.

Geschichte

Im Jahre 1668 engagierte die Abtei von Hautvillers einen neuen Kellermeister mit Namen Pierre Perignon. Dom Perignon beobachtete, dass in seinem Keller im Frühjahr einige Flaschen explodierten. Seine Nachforschungen ergaben, dass die Gärung in der kalten Jahreszeit zum Erliegen kam und die Hefe erst wieder Gasbläschen (CO_2) entwickelte, wenn es wieder wärmer wurde. Viele Flaschen hielten diesem Gasdruck nicht stand und zerbarsten.

Weil dieser schäumende Wein Dom Perignon so gut schmeckte, entwickelte er in über 20 Jahren ein Verfahren, wie er die Kohlensäure permanent im Wein gefangen halten konnte. Mithilfe von neuen Flaschen und mit Drahtgitter befestigten dicken Korken gelang ihm dies schliesslich auch.

Dom Perignon entwickelte auch noch das Mischverfahren von verschiedenen Grundweinen, die Idee der heutigen «Assemblage oder Cuvée». Es blieb dem Erfinder des Champagners jedoch verwehrt, den Schaumwein von seiner Trübung zu befreien.

Erst mit dem von der Witwe Cliquot entwickelten raffinierten Rüttelsystem mit dem anschliessenden Enthefen wurde das noch heute geltende Label «Méthode champenoise» begründet.

Geografische Lage

Die Champagne liegt im Nordosten von Paris. Es ist das nördlichste Weinbaugebiet Frankreichs.

Die bekanntesten Lagen sind:
- **Montagne de Reims**
- **Vallée de la Marne**
- **Côte des Blancs**
- **Côte des Bar**

Klima

Die durchschnittliche Jahrestemperatur beträgt rund 10 °C. Im Winter ist es sehr kalt, die Sommer hingegen sind warm. Die Wärme der Sommermonate reicht aber nur knapp, die Traubenbeeren ausreifen zu lassen.

Böden

Typisch für die Champagne sind die weissen Kreideböden, die mit einer dünnen Humusschicht bedeckt sind. Die Kreide verhindert stehende Nässe und speichert die Wärme.

Traubensorten

Obwohl der Champagner meist ein weisser Schaumwein ist, besteht der grösste Teil der Ernte aus blauen Trauben.
- **Pinot Noir:** aus Montagne de Reims und Côte des Bar
- **Pinot Meunier:** aus Vallée de la Marne
- **Chardonnay:** aus Côte des Blancs

Die Lese, das Pressen und die Gärung

Die Trauben werden von Hand gelesen und gepresst. Da die Traubensorten unterschiedliche Reifezeiten haben, werden die einzelnen Parzellen separat nach Traubensorten gepresst.

Die Pressung muss schnell vonstatten gehen, da keine Farbstoffe aus der blauen Haut in den Saft gelangen sollen. Gepresst wird zwei Mal. Die erste Pressung nennt sich «Cuvée» und bezeichnet die ersten 2'050 l Traubenmost aus 4'000 kg Trauben. Die zweite Pressung ist die «Taille» oder auch Schnitt genannt und bezeichnet die 500 l Traubenmost, die nach dem «Cuvée» gewonnen werden.

Bei der anschliessenden Gärung werden alle Moste nach Traubensorten, Gebieten und Parzellen separat vergoren.

Die Assemblage, Cuvée oder die Vermählung

Im Winter beginnen die Kellermeister und Weintechnologen, die verschiedenen Weine aus ihren Kellern zu verkosten und zu klassifizieren. Im Frühjahr wird aus der umfangreichen Palette der Grundweine, aus den drei verschiedenen Traubensorten und den verschiedenen Gemeinden und Lagen eine Vermählung komponiert. Je umfangreicher die Auswahl der Weine ist, desto subtiler können die einzelnen Qualitäten vermählt und aufeinander abgestimmt werden.

Die Assemblage traditionnel besteht aus Weinen verschiedener Regionen, Lagen, Traubensorten und Pressungen. Sie wird mit älteren Reserveweinen vermählt und bildet so eine Grundlage von gleichbleibender Qualität. Solche Schaumweine werden ohne Jahrgangsbezeichnung (sans année) auf dem Markt angeboten.

Die Assemblage millésimé besteht aus Weinen verschiedener Regionen, Lagen und Traubensorten, sie wird aber im Gegensatz zur Assemblage traditionnel nur mit Weinen eines Jahrgangs vermählt. Solche Weine sind je nach Jahrgang verschieden und werden nur bei ausgesprochen guten Jahrgängen produziert. Sie kommen mit einer Jahrgangsbezeichnung auf der Etikette in den Handel. Laut EU-Gesetz müssen nur noch 85% eines Jahrgangs in einem Jahrgangschampagner enthalten sein.

Tirage/Fülldosage

Ist die Assemblage zusammengestellt, wird der sogenannte «liqueur de tirage», ein Gemisch aus stillem Champagnerwein, Hefe und Rohrzucker, zugegeben. Das Ganze wird in Champagnerflaschen abgefüllt, mit einfachen Kronkorken oder mit Kork und einem Metallbügel verschlossen und in den unterirdischen Kreidekellern der Champagnerkellereien auf Holzlatten (sur lattes) gelagert.

Flaschengärung

Die hinzugefügte Hefe wandelt den zugesetzten Zucker unter hohem Druck (bis 6 Bar atü) in den kalten Kellern in CO_2 und Alkohol um. Da die Flasche vollständig unter Druck steht, kann das CO_2 nicht entweichen – der Wein wird zu Champagner.

Lagern

Nach der zweiten alkoholischen Gärung werden die Champagnerflaschen noch für Jahre auf den Holzlatten gelagert. Die abgestorbene Hefe setzt sich langsam in den Flaschen ab und erzeugt die typischen Champagnernoten. Die gesetzliche Mindestlagerdauer für einen Champagner ohne Jahrgang beträgt 15 Monate, die eines Jahrgangschampagners drei Jahre, wobei die meisten Champagnerhäuser diese Mindestangaben bei Weitem überschreiten. Prestigechampagner werden bis zu zehn Jahren und länger gelagert.

Remuage/Rütteln

Bei der Remuage lässt man das durch die zweite Gärung entstandene Hefedepot langsam in den Flaschenhals gleiten, um es besser entfernen zu können. Dazu werden die Flaschen waagerecht in ein Rüttelpult (pupitre) gesteckt und während sechs bis acht Wochen täglich durch den Remueur (Rüttelmeister) etwas gedreht und eine Spur steiler gestellt. Am Ende des Prozesses steht die Flasche auf dem Kopf (sur point) und der gesamte Hefetrub liegt auf der Unterseite des Kronkorkens.

Heute werden nur noch Prestigeprodukte von Hand gerüttelt. Alle anderen Champagner werden in sogenannten Gyropaletten mechanisch gerüttelt.

Degorgieren/Enthefen

Nun muss der Hefetrub aus der Flasche entfernt werden, damit der Wein klar und rein ist. Dazu wird der Flaschenhals in ein Salzsolebad von –20 °C getaucht. Der Hefetrub gefriert, die Flasche wird aufgestellt und der Kronkorken geöffnet. Durch den Eigendruck fliegt der gefrorene Hefetrub aus der Flasche.

Dosage/Versanddosage

Da beim Degorgieren eine kleine Menge Wein verloren geht, wird diese durch die Versanddosage wieder vollständig nachgefüllt, und zwar mit Wein, dem je nach Champagnertyp Zucker beigemischt wird – sogenannter «liqueur d'expédition».

Folgende Typen sind auf dem Markt anzutreffen:
- **Brut «0», Ultra Brut, Brut de Brut:** knochentrocken, ganz ohne Dosage
- **Brut:** sehr trocken, weniger als 15 g/l
- **Extra dry:** trocken mit leichter Restsüsse, bis 20 g/l
- **Sec:** feine leichte Süsse, bis 35 g/l
- **Demi-sec:** merkliche Süsse, bis 50 g/l
- **Doux:** sehr süss, über 50 g/l

In der Schweiz wird in der Gastronomie und privat mehrheitlich die Brut-Stufe getrunken. Champagnerkenner trinken fast ausschliesslich Champagner mit wenig Dosage. Prestigechampagner enthalten daher fast ausschliesslich nur eine geringe Dosage.

Champagnerarten

- **Blanc de Blancs:** ein Champagner nur aus weissen Trauben hergestellt.
- **Blanc de Noirs:** ein Champagner nur aus blauen Trauben hergestellt.
- **Rosé:** Die teuersten und besten Qualitäten werden aus blauen Trauben, die eine Teilmaischegärung durchmachen, erzeugt. Einfachere Produkte werden aus Weisswein und Rotwein gemischt und anschliessend ein zweites Mal vergoren.
- **Sans Année/Champagner ohne Jahrgang:** Sie machen die Mehrheit der Champagner auf dem Markt aus. Hier werden nicht nur Weine aus verschiedenen Traubensorten und Lagen miteinander gemischt, sondern auch noch mit alten Reserveweinen, die den Stil des Champagnerhauses prägen, vermischt, um eine gleichbleibende Qualität zu erreichen.
- **Millésime/Jahrgangschampagner:** Solche Champagner werden nur in sehr guten Jahren erzeugt. Mindestens 85% des Champagners (EU-Gesetz) müssen aus der Ernte eines Jahres stammen. Der Rest wird durch Reserveweine ergänzt.

- **Cuvée Prestige:** Fast jedes Haus hat ein Spitzenprodukt im Angebot, das sich durch die Auswahl und Qualität der Champagnerweine, aber auch der Reserveweine von den normalen Abfüllungen unterscheidet. Meist ist ein Cuvée Prestige ein Jahrgangschampagner mit auserlesenen Reserveweinen.

Flaschengrössen

In der Champagne ist es immer noch Tradition, den Champagner in verschiedene Flaschengrössen abzufüllen.

Die bekanntesten Flaschengrössen sind:
- 20 cl
- 37,5 cl   Halbe Flasche   ½ Flasche
- 75 cl   Flasche
- 150 cl   Magnum   2 Flaschen
- 300 cl   Jéroboam   4 Flaschen
- 450 cl   Rhéoboam   6 Flaschen
- 600 cl   Méthusalem   8 Flaschen
- 900 cl   Salamansar   12 Flaschen
- 1200 cl   Baltasar   16 Flaschen
- 1500 cl   Nebukadnezar   20 Flaschen

5.8 REBBAUREGION ITALIEN

Italien gilt als das Weinland schlechthin. Mit Frankreich und Spanien zusammen gehört es zu den drei grössten Weinproduzenten der Welt. Fast das ganze Land – vom Fusse der Alpen im Norden bis nach Sizilien im Süden – bietet für den Rebbau hervorragende Bedingungen. Aus diesem Grund nannten die Griechen das Land «Oenotria», Land des Weines.

Denn es waren die Griechen, die den Weinbau nach Italien brachten. Erst nach Sizilien, dann in den Norden zu den Etruskern. Für die Römer war Wein in erster Zeit ein Importartikel. Die Crus aus Griechenland galten damals als die feinsten. Erst nach und nach begannen die Römer dann, den Rebbau und die Weinbereitung selbst zu pflegen. Überall in der Welt, wo in der Folge römische Legionen Land eroberten, wurde der Wein zuerst aus Italien importiert, und als die Besetzer sesshaft wurden, begannen sie mit dem Weinbau am Ort. Heute stammen rund 20 % der weltweiten Weinproduktion aus Italien. Nur Frankreich produziert noch mehr.

Die Qualitätspyramide

Tafelweine/Vino da Tavola (VDT)
In dieser Kategorie findet man die einfachsten Weine Italiens. Die Weine dürfen weder Traubensorte noch Ortsbezeichnung auf der Etikette tragen. Nicht einmal eine Jahrgangsangabe ist erlaubt.

Indicazione Geografica Tipica (IGT)
Die IGT-Weine entsprechen den Vin de Pays in Frankreich. Es sind einfache Tafelweine mit regionalen Besonderheiten. Allerdings umgehen viele Weinbauern in Italien die zum Teil restriktiven DOC-Bestimmungen, indem sie ihre experimentellen, innovativen Weine unter dieser Kategorie verkaufen.

Qualitätsweine
Denominazione di Origine Controllata (DOC). Die DOC entspricht in Frankreich der AOC. Sie existiert seit 1963. Die DOC garantiert, dass der Wein aus der auf der Etikette bezeichneten Region stammt und dass die vorgeschriebenen Produktionsmethoden (Traubensorten, Höchstertrag, Ausbau usw.) eingehalten wurden. DOC- wie auch DOCG-Weine müssen auf der Etikette immer die Herkunft angeben. Auch, falls der Wein nach einer Traubensorte benannt ist. Beispiele dafür sind «Merlot del Piave» oder «Vernaccia di San Gimignano».

Denominazione di Origine Controllata e Garantita (DOCG)
Diese höchste Qualitätsstufe ist in Italien wenigen prestigereichen Produktionsgebieten vorbehalten. Die Richtlinien sind umfangreicher und strenger als diejenigen der DOC-Weine. Jede Flasche trägt ein DOCG-Band. Gebiete mit DOCG sind beispielsweise Chianti Classico, Brunello di Montalcino oder Barolo.

Klima

Die Weingebiete Italiens erstrecken sich vom 37. bis zum 47. Breitengrad. Generell ist das Klima je weiter südlich, desto wärmer. Wichtige Faktoren sind die Höhenlage und die Nähe zum Meer. Je höher gelegen, desto kühler, je näher beim Mittelmeer, desto milder das Klima.

DAS PIEMONT

Am Fusse der Alpen, nahe der Stadt Turin, liegt das Piemont. Das Klima ist recht rau und die Landschaft bergig. Hier wird wie auch in der Toscana vor allem Rotwein erzeugt. Zwei hauptsächliche Traubensorten sind im Spiel: Nebbiolo und Barbera. Die beiden berühmten Piemonteser Weine sind der Barolo DOCG und der Barbaresco DOCG, beide aus der spätreifen Nebbiolotraube. Barolo darf erst in den Verkauf gebracht werden, wenn er drei Jahre gereift ist. Die Weine sind körperreich mit viel Tannin, Alkohol und Säure. Rote Fruchtaromen werden begleitet von floralen und erdigen Noten (Erdbeere, Rose, Teer), die im Alter pflanzliche und animalische Töne entwickeln können (Pilze, Fleisch, Leder).

Barbera d'Asti und Barbera d'Alba sind zwei weitere berühmte DOC. Sie sind nicht sehr tanninstark, warten aber mit viel Säure und roten Fruchtnoten auf (Sauerkirsche). Sie kommen selten mit Eiche in Berührung. Die wenigen, die eine Zeit lang im Holzfass reifen, weisen Nuancen von Toast und Vanille auf.

Als Spezialität des Piemonts ist noch der leichte, halbtrockene Moscato d'Asti zu nennen. Er wird meist leicht schäumend ausgebaut. Mehr darüber im Kapitel Champagner und Schaumweine (Seite 61).

VENETO

Im Norden Italiens, zwischen Verona und Venedig, liegt das Gebiet Veneto. Viele Weine aus dieser Region haben international Beachtung gefunden. Aus der autochthonen Sorte Garganega, meist mit Trebbiano verschnitten, wird der weisse Soave gekeltert. Er heisst nach einem gleichnamigen Ort nahe Verona und schmeckt jung und frisch am besten.

Bei den Rotweinen sind drei Weine mit eigener DOC weltbekannt: Bardolino, Valpolicella und Amarone della Valpolicella, kurz Amarone. Allen dreien sind die Traubensorten gemeinsam: Corvina, Rondinella und Molinara. Bardolino ist die leichteste Variante, Valpolicella etwas gehaltvoller. Im Stil können die Weine sehr unterschiedlich ausfallen. Viele gehören in die Kategorie der billigen Massenweine und haben dann in der Regel wenig Körper, Farbe, Geschmacksintensität und Tannin, dafür mässig bis viel Säure und Noten von roten Früchten (Sauerkirsche). Die teuren Weine (gewöhnlich aus der Classico-Zone) besitzen konzentriertere, vielschichtigere Aromen, die an gekochte Früchte erinnern können (Trockenpflaume, getrocknete Kirschen).

In derselben Region und mit denselben Traubensorten wird auch der berühmte DOC Amarone della Valpolicella angebaut. Für diesen alkoholstarken trockenen Wein werden die reifen Trauben vor der Gärung auf Strohmatten angetrocknet. Wird die Gärung des Amarone abgebrochen, erhält man einen süssen Recioto. Wird dem vergorenen Trester des Amarone Valpolicella-Wein aufgefüllt und neun Monate gelagert, erhält man einen Ripasso. Und – last but not least – ist Venetien die Heimat eines im Moment äusserst beliebten Schaumweins: Prosecco. Benannt ist er nach seiner hier heimischen Traubensorte Glera (früher Prosecco), mit der neuen Gesetzgebung 2010 nur noch als Spumante oder Méthode traditionelle zugelassen. Frizzante erhält kein DOCG mehr.

TRENTINO – ALTO ADIGE

Das Südtirol ist die nördlichste Weinregion Italiens. Die Landschaft ist bergig und deshalb können im Südtirol nur knapp 15% der Fläche überhaupt landwirtschaftlich genutzt werden. Das Trentino, rund um die Stadt Trento im Süden der Region, war immer ein Teil Italiens, während das Alto Adige (Südtirol) im Norden früher zu Österreich-Ungarn gehörte. Noch heute wird hier Deutsch gesprochen und auf den Weinetiketten findet sich statt des DOC auch die Bezeichnung Qualitätswein bestimmter Anbaugebiete. Die Weine hier werden häufig unter dem Namen der Traubensorte verkauft, z.B. Merlot del Trentino DOC. Das Alto Adige verfügt über einige grosse DOC-Gebiete wie Lago di Caldaro DOC (Kalterersee) oder Santa Maddalena DOC (St. Magdalener). Das Südtirol ist auch wegen seinen autochthonen Trauben interessant: Teroldego, Lagrein oder Vernatsch.

EMILIA ROMAGNA

Die Region in Oberitalien hat gleich drei Hauptstädte: Parma, Modena und Bologna. Hier ist eine blaue Traubensorte heimisch, die früher Weltruf hatte: Lambrusco. Besonders gut gedeiht sie in den Ebenen bei Modena. Lambrusco DOC muss frizzante, also leicht schäumend sein. Es gibt ihn als Rot- und Roséwein. Während in Italien der trockene Lambrusco bevorzugt wird, war lieblicher roter Lambrusco während Jahrzehnten ein Exportschlager. Längst nicht jeder Lambrusco kommt aus der gleichnamigen DOC. Das Meiste wird als Vino da Tavola ohne Herkunft verkauft.

TOSCANA

Das sanft hügelige Gebiet in Mittelitalien mit den beiden berühmten Städten Florenz und Siena ist vor allem für einen Wein weltberühmt, den Chianti DOCG. Er entsteht als Verschnitt verschiedener Trauben mit Sangiovese als Hauptsorte. Die tannin- und säurereichen Weine mit mittlerem Körper zeigen rote Früchte (Sauerkirsche, rote Pflaume), oft begleitet von ledrigen, erdigen Noten. Wie beim Valpolicella gibt es viel auch einfachen Chianti als billigen Massenwein, während die besseren Tropfen meist aus Unterbereichen wie der DOCG Chianti Classico und der DOCG Chianti Rùfina kommen.

In den Hügeln im Süden wachsen aber zwei weitere, nicht minder bekannte Weine ebenfalls mit eigener DOCG: Brunello di Montalcino und Vino Nobile di Montepulciano. Die Haupttraubensorte der Toscana ist die rote Sangiovese. Sie ist der Hauptanteil im Chianti und die einzige Traubensorte der beiden letztgenannten Weine. Der Weinbau der Toscana wird von zwei weit verzweigten Adelsfamilien und vielen grossen Produzenten geprägt: den Marchesi Antinori und de'Frescobaldi. Die Familie Frescobaldi erzeugt schon seit mehr als 800 Jahren Wein und ist mit über 1'000 ha Landbesitz einer der grössten Erzeuger Italiens. Zudem stammen Kultweine wie Sassicaia, Ornellaia, Tignanello usw. aus der Toscana.

ABRUZZEN

Die im östlichen Mittelitalien gelegene Region Abruzzen ist bekannt für ihren roten DOC-Wein Montepulciano d'Abruzzo aus der Montepulciano-Traube. Die Weine sind von tiefer Farbe, mit mittlerem Säure- und Tanningehalt und Aromen von roten Früchten (Pflaume, Kirsche), ab und zu mit bitteren Anklängen an Kaffee. (Verwechseln Sie diesen Wein nicht mit dem Vino Nobile di Montepulciano, einem Rotwein im Chianti-Stil, den man in der toskanischen Stadt Montepulciano aus Sangiovese bereitet.)

DER SÜDEN ITALIENS UND DIE INSELN

War der Süden früher vor allem für einfachste Massenweine bekannt, haben die Weinregionen am Fusse des Stiefels und die Inseln in den letzten zehn Jahren dramatische Veränderungen durchgemacht. Besonders hervorgetan hat sich dabei die Region Apulien mit der autochthonen Sorte Primitivo. Primitivo-Weine sind oft sehr alkoholstark. Die Rebsorte ist mit Zinfandel (Seite 142) identisch. Die besten Weine davon kommen aus der DOC Primitivo di Manduria.

Weitere wichtige lokale Trauben sind Negroamaro (in Apulien) sowie Aglianico (in Kampanien und der Basilikata). Alle ergeben dunkle, intensive Rotweine mit hohem Tannin- und Säuregehalt. Bittere Noten (Kaffee, dunkle Schokolade) begleiten oft die Aromen von roten, schwarzen und getrockneten Früchten (Kirsche, Brombeere, Trockenpflaume). Auch die beiden Mittelmeerinseln Sizilien und Sardinien haben in jüngster Zeit qualitätsmässig von sich reden gemacht.

In Sardinien ist vor allem die Traube Cannonau heimisch. Sie ist identisch mit der Sorte Grenache. Sizilien ist ebenso ein Erzeuger von anonymen, billigen Massenweinen wie die Quelle einiger exzellenter Weine von italienischen und internationalen Traubensorten, die gelegentlich auch miteinander verschnitten werden. Die bekannteste einheimische Traubensorte ist Nero d'Avola. Entsprechend der lokalen Fischküche wird auf Sizilien aber auch viel Weisswein angebaut. Die typische weisse Sorte heisst Inzolia.

REGIONEN UND REBSORTEN FÜR WEISSWEIN

Pinot Grigio (Pinot Gris) wächst in einer Reihe von Regionen, die besten Weine kommen aber aus dem Nordosten (Trentino, Venetien, Friaul). Ein typischer italienischer Pinot Grigio ist trocken, mit mittlerem oder leichtem Körper, viel Säure, ohne Eichenholzeinfluss und mit delikaten Aromen von Zitrus- und grünen Früchten (grüner Apfel, Zitrone). Die meisten sind recht einfach, auch wenn einige Erzeuger körperreichere, intensivere und komplexere Weine mit reiferen Geschmacksnoten produzieren, die Anklänge an Melone und Honig haben.

Andere internationale Sorten, etwa Chardonnay, findet man in ganz Italien. Pinot Bianco (Pinot Blanc) wird besonders im Nordosten angebaut und ergibt Weine, die im Stil einem Chardonnay ohne Eichennote ähneln.

Verdicchio ist eine sehr säurereiche Traube für spritzige Weissweine mit mittlerem Körper und Aromen von Zitrone, Kräutern (Fenchel) und Bittermandeln. Die meisten stammen aus der DOC Verdicchio dei Castelli di Jesi unweit der Adriaküste.

Die mengenmässig bedeutendsten traditionellen italienischen Weissweine sind **Soave, Frascati** und **Orvieto.** In den billigsten dieser Weine stellt die Trebbiano-Traube (identisch mit Ugni Blanc, deren Weine in Frankreich zu Cognac und Armagnac destilliert werden) den Löwenanteil für trockene, relativ neutrale Erzeugnisse mit leichtem Körper und mittlerem Säuregehalt. Zu höheren Preisen sind aber auch Exemplare mit mehr Charakter zu bekommen. Diese werden in der Regel mit einem höheren Anteil einheimischer Qualitätssorten bereitet, etwa Garganega (Soave), Malvasia (Frascati) und Grechetto (Orvieto). Guter Soave und guter Orvieto sind spritzige, erfrischende Weine. Guter Frascati ist eher körperreich.

UMBRIEN, MARKEN UND LATIUM

Umbrien

Vor allem für einen Weisswein ist der östliche Nachbar der Toscana berühmt, den Orvieto DOC. Er wird aus zwei Traubensorten gekeltert: Malvasia und Trebbiano. Während Orvieto früher meist abboccato (leicht süss) ausgebaut wurde, so findet man heute praktisch nur noch trockene Weine dieser DOC. Heute wird vermehrt Rotwein aus der Traubensorte Sagrantino angebaut.

Marken

Die Region liegt gegenüber der Toscana an der Ostküste des Stiefels. Hier ist die weisse Traubensorte Verdicchio heimisch. Sie bringt vor allem in der eigenen DOC Verdicchio dei Castelli Jesi hervorragende trockene Weissweine hervor.

Latium

Wie Umbrien ausschliesslich für den Orvieto bekannt ist, steht auch Latium für einen einzigen Weisswein: den Frascati. Die Weinberge der DOC Frascati stehen unmittelbar südlich von Rom und sind mit Malvasia und Trebbiano bestockt. Die Weine sind trocken und kräftig.

5.9 REBBAUREGION SPANIEN

Spanien hat mehr Rebfläche in Produktion als jedes andere Land der Welt. In Bezug auf die Weinproduktion liegt es aber hinter Frankreich und Italien bloss auf Platz drei der Weltrangliste. Dies kommt daher, dass in Spanien wegen der anhaltenden Trockenheit die Reben in grossen Abständen gepflanzt sind. Der durchschnittliche Ertrag pro Hektar ist damit viel niedriger als in anderen Ländern.

In ganz Spanien ist es eine alte Tradition, Weine lange Zeit in Eichenfässern auszubauen und anschliessend noch in der Flasche reifen zu lassen. Das bedeutet, dass die in Spanien für den Handel freigegebenen Jahrgänge oft älter sind als in anderen Ländern. Das gilt auch für Weine der unteren Preisklasse.

Die Qualitätspyramide Spaniens

Tafelweine/Vino de Mesa
Dies sind die einfachsten spanischen Weine. Sie entsprechen den französischen Vins de Table bzw. in Italien den Vino da Tavola.

Vino de la Tierra
Darunter fallen Tafelweine mit besonderem regionalen Charakter. Wie bei den IGT-Weinen in Italien gibt es auch edle Vinos de la Tierra, nämlich immer dann, wenn experimentierfreudige Winzer Weine ausserhalb der DO-Normen erzeugen.

Vino de Calidad Indicación Geográfica (IG)
Ein Vino de la Tierra (Landwein) mit kontrollierter Ursprungsbezeichnung. Diese neue Qualitätsstufe wurde ab 2003 nach Vorbild des italienischen IGT eingeführt. Sie ist die Vorstufe zu DO.

Qualitätsweine
Denominación de Origen (DO). Wie bei den französischen AOC garantieren die DO-Bestimmungen, dass ein Wein aus dem bezeichneten Herkunftsgebiet stammt, nach festgelegten Methoden produziert ist und den Qualitätsrichtlinien entspricht. Das DO-System wurde erst 1970 eingeführt. Jedes der heute über 50 DO-Gebiete verfügt über eine eigene Behörde zur Überwachung der Richtlinien, ein sogenannter «Consejo Regulador».

Denominación de Origen Calificada (DOCa)
1991 wurde die höchste Stufe des spanischen Weingesetzes eingeführt, die DOCa. Die Produktionsbedingungen und die Qualitätsrichtlinien sind strenger gefasst als bei den einfachen DO. Die erste DOCa erhielt Rioja. Seit dem Jahr 2003 hat auch das Gebiet Priorat Anrecht auf diese Stufe.

Bekannte Altersstufen in Spanien:
- **Joven**: min. ein Jahr gelagert
- **Crianza**: min. ein Jahr im Fass und ein Jahr in der Flasche gelagert
- **Reserva**: min. ein Jahr im Fass und zwei Jahre in der Flasche gelagert
- **Gran Reserva**: min. zwei Jahre im Fass und drei Jahre in der Flasche gelagert

Vino de Pago
Diese 2003 neu eingeführte Qualitätsstufe bezeichnet Weine aus herausragenden Einzellagen. Als «Pago» gilt ein Weinberg mit unverwechselbarem Terroir-Charakter. Er muss ein eigenes Mikroklima aufweisen, das ihn von seiner Umgebung unterscheidet, und die Lage muss traditionell dafür bekannt sein, besondere Weinqualitäten hervorzubringen. Bisher wurden erst zwei Lagen klassifiziert, dies sind «Dominio de Valdepusa» und «Finca Elez», beide in der Region La Mancha.

Traubensorten

Spanien verfügt über eine ganze Reihe eigener Traubensorten mit unverwechselbarem Charakter. Die beiden wichtigsten bei den blauen sind Tempranillo und Garnacha. Bei den weissen wird die Sorte Airén am häufigsten angebaut. Sie belegt übrigens weltweit am meisten Rebfläche. Sehr verbreitet ist auch die Viura.

PREMIUM-REGIONEN FÜR ROTWEINE

Die wichtigste Region für Spitzenweine in Spanien ist die **DOCa Rioja**. Hier heisst die Hauptrebsorte Tempranillo. Sie ergibt Rotweine mit vollem oder mittlerem Körper, mittlerem Säure- und Tanningehalt und Aromen von roten Früchten (Erdbeere). Man verschneidet sie oft mit Garnacha (Grenache), die in Riojas der unteren Preisstufe auch die vorherrschende Traube sein kann. Grenache liefert viel Alkohol, leichte Tannine und würzige Noten.

Ein Grossteil des Charakters eines im traditionellen Stil bereiteten Riojas kommt von dem Ausbau in Eiche. Die Tannine werden dadurch gemildert, und Noten von süsser Kokosnuss und Vanille gelangen in den Wein. Mit der Zeit können sich einige recht kräftige animalische und pflanzliche Noten entwickeln (Fleisch, Leder, Pilze), vor allem in Gran-Reserva-Weinen.

Auch in der DO **Ribera del Duero** werden erstklassige Rotweine von Tempranillo bereitet, die Aromen von schwarzen Früchten (Brombeere, Pflaume) und toastwürzige Eichennoten verströmen. Eine Reihe der besten spanischen Rotweine – «Pingus», Vega Sicilia und andere – werden im Duerotal nach Bordeaux-Stil gekeltert. In der DO **Navarra** verschneidet man Tempranillo gern mit internationalen Traubensorten wie Merlot und Cabernet Sauvignon. Rotwein guter Qualität in einer Reihe von Stilen wird auch in Katalonien erzeugt, meist aus Tempranillo, Garnacha und internationalen Sorten.

Die Regionen DO und DOCa **Katalonien** zählen heute bereits zu den besten Rotweinerzeugern Spaniens. Oft wird hier, rund um Tarragona und Priorato, Wein verschnitten. Die internationalen Traubensorten spielen hier zusammen mit Garnacha und Tempranillo eine wichtige Rolle.

Im bekannten Gebiet Penedes werden fast alle Schaumweine Spaniens hergestellt. Diese nennen sich Cava und werden nach der Méthode traditionnelle hergestellt. Als Traubensorten werden entweder die klassischen Macabeo, Parellada, Xarel-lo oder auch die Chardonnay verwendet. Bekannte Häuser sind Codorniu und Freixenet.

Viele weitere Regionen werden national und international stärker. So wächst **La Mancha** und produziert nicht nur Brandy-Weine, sondern auch hervorragende Rotweine.

PREMIUM-REGIONEN FÜR WEISSWEINE

Auch viele interessante Weissweine werden in Spanien produziert. Weine im modernen Stil aus den Regionen **Rias Baixas** und **Rueda** sind fruchtige Tropfen mit erfrischender Säure. Viele verschiedene Stile findet man in Katalonien, sowohl von einheimischen wie auch von internationalen Traubensorten, etwa Chardonnay.

Hier werden auch die bekannten Cavas (Seite 61) produziert. Traditioneller weisser Rioja ist körperreich mit nussigen Eichenholznoten; aber auch Weine ohne Eichennote gehören zum Repertoire. Eine weitere Top-Region stellt Jerez dar. Sherry wird im Bereich Südweine beschrieben (Seite 157).

5.10 PORTUGAL

Portugal liegt an der Atlantikküste Iberiens und besteht aus einer schmalen Ebene nahe der Küste, die zur spanischen Grenze hin bald in bergiges Gebiet übergeht. Die Südwestwinde über dem Atlantik bringen im Winter Regen, die Sommer sind aber heiss und trocken. Portugal ist zwar fast ausschliesslich für den Portwein bekannt, weist aber auch eine stattliche Produktion von leichten Weiss- und Rotweinen vor. Portugal hat daneben auch eine lange Tradition des Verschneidens von Weinen über regionale Grenzen hinweg, die dann unter Markennamen in den Handel gelangen. Der leicht süssliche Rosé in der Bocksbeutelflasche unter der Marke Mateus ist einer der weltweit meist verkauften Weine überhaupt.

Die besten portugiesischen Regionen für trockene Weine werden gerade erst entdeckt, und nach wie vor erscheint auf den besten Gewächsen die Marke oder der Erzeugername in der Regel in viel grösserer Schrift als das Ursprungsgebiet.

Qualitätspyramide

Tafelwein

Wie in allen Ländern der EU sind auch in Portugal die Weine in die zwei Grundkategorien Tafelwein und Qualitätswein eingeteilt. Die Tafelweine sind wie in Frankreich oder Italien unterteilt in «Vinho de Mesa» (die einfachsten Tischweine) und «Vinho regional» (entspricht dem französischen Vin de Pays).

Qualitätswein

Auch die Kategorie der Qualitätsweine ist zweigeteilt. In der unteren Stufe heissen die Weine Indicação de Proveniencia Regulamentada (IPR). Dies entspricht in Frankreich dem VDQS-Level. Die besten Weine tragen auf der Etikette das Siegel Denominação de Origem Controlada (DOC), was in Frankreich dem AOC-Status entspricht.

DIE WICHTIGSTEN PREMIUM-REGIONEN

Traditionell bereitete portugiesische Rotweine enthalten viel Tannin und Säure. Sie werden in den DOCs **Douro**, **Dão** und **Bairrada** im nördlichen Portugal aus einheimischen Rebsorten erzeugt. Inzwischen produziert man in diesen Regionen auch weichere, fruchtigere Weine, doch sie brauchen oft eine lange Flaschenalterung, um auszureifen und sich von ihrer besten Seite zu zeigen. Einige der hochwertigsten portugiesischen Exportweine kommen mittlerweile aus dem Südosten (DOC **Alentejo** und **Vinho Regional Alentejano**), einer heissen Region, in der körperreiche Rotweine aus lokalen und internationalen Rebsorten bereitet werden. Ihre Aromen von schwarzen Früchten und Gewürzen (Brombeere, Pflaume, Lakritze) werden oft von Eichenholznoten unterstützt, die Anklänge an Toast und Schokolade mit einbringen.

Douro DOC

Die Region liegt östlich des Vinho Verde. Die Weinberge liegen entlang dem Fluss Douro in malerischen Steilterrassen. Hier kommt der berühmteste aller Likör-Weine her: der Port (Seite 172). Daneben werden in Douro mehr und mehr leichte Weine erzeugt, meist aus denselben Sorten wie der Portwein.

Dão DOC

Die grosse Region liegt in Zentralportugal. Je weiter man Richtung Spanien fährt, desto hügeliger, ja bergig wird die Landschaft. Auf den Granitböden gedeihen vor allem Rotweine. Es gibt aber auch weisse Dão.

Bairrada DOC

Die westliche Nachbarregion von Dão liegt ebenfalls in der Provinz Beiras. Die Böden bestehen hier zum grössten Teil aus Ton (barro = Ton). Darauf wachsen hauptsächlich lagerfähige Rotweine.

Alentejo DOC

Das Alentejo ist gleichzeitig die grösste Provinz Portugals und auch eine DOC. Weltbekannt ist das Alentejo, weil aus seinen riesigen Eichenwäldern der Grossteil der weltweit verwendeten Korken stammt. Der Rebbau ist hier jung, das Gebiet verfügt aber über ein grosses Potenzial. In den letzten Jahren entstanden hier viele moderne Kellereien. Deshalb wird das Alentejo auch das «Kalifornien Portugals» genannt.

REGIONEN FÜR MASSENWEINE

Das wichtigste Gebiet hierfür ist die DOC **Vinho Verde**. Die Region liegt im äussersten Nordwesten Portugals in der Provinz Minho-é-Douro. Hier entstehen leicht perlende Weissweine mit leichtem Körper, wenig Alkohol und viel Säure. Ihre Geschmacksnoten von Zitrus- und grünen Früchten (Zitrone, Apfel) können gelegentlich einen ziemlich pflanzlichen Einschlag bekommen (Gras, grüne Blätter). Für den lokalen Markt produzierte Weine sind in der Regel trocken. Exporterzeugnisse weisen meist eine mittlere Süsse auf und sind häufig keine DOC-Weine, sondern Vinhos de Mesa.

Marken-Rosés, die in grossen Mengen exportiert werden, haben ebenfalls Erfolg. Im Stil sind sie, ähnlich wie die Vinhos Verdes, mittelsüss, mit viel Säure und leicht perlend, ihr Geschmack ist jedoch eher von roten Früchten geprägt (rote Johannisbeere, Himbeere).

5.11 DEUTSCHLAND

Auf deutschen Weinetiketten findet sich traditionell eine Menge von Angaben, die zunächst verwirrend sein können. Dazu gehören häufig der Ort und der einzelne Weinberg (Einzellage), von dem die Trauben stammen, z. B. Piesporter Goldtröpfchen (Goldtröpfchen ist eine erstklassige Einzellage auf einem Steilhang hoch über dem Ort Piesport). Es kann aber auch eine Gruppe von Weinbergen zu einer «Grosslage» zusammengefasst und mit dem Ortsnamen genannt werden, etwa Piesporter Michelsberg (die Grosslage Michelsberg umfasst eine ganze Reihe von Einzellagen, darunter auch weniger gute, etliche Kilometer von Piesport entfernte).

Leider ist es schwer zu erkennen, ob der Name des Weinbergs auf dem Etikett eine ausgezeichnete Einzellage bezeichnet oder eine Grosslage mit geringerem Qualitätspotenzial. Auf den meisten der besseren Weine sind ausserdem die Rebsorte und die Qualitätsstufe (Prädikat) angegeben.

Deutsche Weingeografie

Das nördliche Nachbarland der Schweiz liegt zwischen dem 48. und 52. Breitengrad Nord, zum Teil schon jenseits des ominösen 50. Breitengrades, der die nördliche Klimagrenze für den Weinbau darstellt. Die Weinberge konzentrieren sich deshalb auf den südlichen Teil des Landes.

Es gibt in Deutschland 13 Weingebiete, die Qualitätsweine erzeugen. Diese Anbaugebiete sind in Bereiche aufgeteilt, z. B. der Bereich Johannisberg im Gebiet Rheingau. Jeder Bereich ist wiederum in Grosslagen und Einzellagen unterteilt. Grosslagen sind eine Reihe von Weinbergen mit ähnlichem Charakter, deren Weine unter einem einheitlichen Namen vermarktet werden sollen. Beispiele für bekannte Grosslagen sind «Zeller Schwarze Katz» oder «Kröver Naktarsch». Seit den 1970er-Jahren wurden etwa 150 Grosslagen kreiert. Bei Einzellagen handelt es sich um hervorragende Weinberge mit eigenem Charakter. Wie bei den Grosslagen wird der Einzellage immer der Ortsname vorangestellt, also «Ürziger Würzgarten» oder «Wehlener Sonnenuhr». Ohne Detailkenntnisse ist es nicht möglich, Grosslagen auf der Etikette von Einzellagen zu unterscheiden.

Klima

Das Klima ist generell kühl und feucht. Die Winter sind hart und Frost ist eine ständige Gefahr im Weinberg. Die Sommer können im Süden aber auch warm sein und in guten Jahren hilft ein langer Herbst, die Trauben auszureifen.

Traubensorten

In Deutschland werden viele Traubensorten kultiviert. Die meisten davon sind weiss. Drei haben aber einen ganz speziellen Stellenwert:

Riesling: Er gilt als die beste deutsche Traube und macht rund 20 % der gesamten Rebfläche aus. Riesling ist relativ spätreifend und sehr aromatisch. Die Weine haben hohe natürliche Säurewerte und bringen in ihrer Reifephase sehr konzentrierte Aromen hervor.

Silvaner: Diese typische deutsche Traube bringt bedeutend höhere Erträge als der Riesling, aber weichere Weine. Rund 8 % der Rebfläche sind mit Silvaner bestockt. Im Wallis wird aus Silvaner übrigens der «Johannisberg» gekeltert.

Müller-Thurgau: Eine frühreife Sorte, die in der Schweiz als Riesling X Silvaner bekannt ist. In Deutschland ist sie nach ihrem Züchter benannt: Professor Müller, der aus dem Thurgau stammte. Müller-Thurgau ist beliebt, weil ertragsstark, und wird auf rund 20 % der deutschen Rebfläche angebaut. (Aufgrund von DNA-Analysen konnte übrigens kürzlich nachgewiesen werden, dass es sich bei der Kreuzung nicht wie ursprünglich angenommen um Riesling X Sylvaner, sondern um Riesling X Madeleine Royale handelt.)

Weitere verbreitete Sorten sind **Kerner, Scheurebe** oder **Gewürztraminer.** Im Süden wird auch der rote **Spätburgunder** (= Pinot Noir) angebaut.

Rebbau

Damit die Trauben im nördlichen Klima ausreifen können, müssen alle Kniffe des Rebbaus angewandt werden. Die besten Rebberge stehen an Steillagen, die nach Süden und Westen ausgerichtet sind. Um das Sonnenlicht zu verstärken und vor Frost zu schützen, werden die Reben auch entlang der grossen Flüsse angebaut.

Die klassische Vinifikation

Das kühle Klima hat zur Folge, dass die Trauben nicht in allen Jahren voll ausreifen können. Die Weine sind entsprechend niedrig im Alkohol und hoch in der Säure. Wären solche Weine trocken ausgebaut, würden sie scharf und unattraktiv schmecken. In vielen Fällen wird deshalb unfermentierter Most dem Wein als sogenannte Süssreserve beigegeben. Damit wird die hohe natürliche Säure aufgefangen. Der fehlende Alkoholgrad kann allenfalls mittels Chaptalisieren angehoben werden. Die so gekelterten deutschen Weine zeichnen sich durch ein schönes Gleichgewicht zwischen beeriger Fruchtsüsse und erfrischender Säure aus.

Die deutsche Qualitätspyramide

In einem Land, wo die Trauben auch in den besten Lagen nur knapp reif werden und der jährliche Witterungsverlauf viel mehr als der Boden über die Weinqualität entscheidet, musste ein eigenes Qualitätssystem geschaffen werden. So geht die deutsche Klassifizierung der Weine nicht wie in Frankreich vom Terroir aus, sondern vom Reifestadium der geernteten Traube. Für die Prädikatsstufen von Kabinett bis Trockenbeerenauslese ist vom Gesetzgeber der genaue Mindestzuckergehalt der Traube festgelegt. Weine aller Traubensorten können diese Prädikate tragen, die besten Vertreter werden aber zumeist von Riesling bereitet.

Einige wenige aus fremden Sorten bereitete Weine laufen zwar unter den einfachen Qualitätskategorien Deutscher Tafelwein und Landwein, doch die meisten wichtigen Qualitätsweine werden als QbA (Qualitätswein bestimmter Anbaugebiete) oder QmP (Qualitätswein mit Prädikat) etikettiert.

Tafelwein

- **Deutscher Tafelwein**: Dies ist die unterste Stufe des deutschen Weins. Steht auf dem Etikett nur «Tafelwein», heisst das, dass die Trauben nicht nur aus Deutschland stammen.
- **Deutscher Landwein**: Diese Stufe entspricht dem französischen Vin de Pays. Die Landweine sind meist trockener als andere Weine.

Qualitätswein

Die deutsche Qualitätspyramide steht auf dem Kopf, denn rund 95 % der Produktion werden in dieser oberen Kategorie produziert. Wie in vielen anderen europäischen Ländern ist der Qualitätswein auch in Deutschland in zwei Stufen unterteilt:

- **Qualitätswein bestimmter Anbaugebiete, oft kurz Qualitätswein (QbA)**: Die einfachen Qualitätsweine dürfen aus 13 bestimmten Anbaugebieten stammen. Das Weingebiet muss auf der Etikette immer klar bezeichnet sein. Alle QbA-Weine müssen vor der Abfüllung einem Qualitätstest unterzogen werden. Dieser beinhaltet neben Laboranalysen auch die Degustation. Besteht der Wein den Test, wird ihm eine amtliche Prüfungsnummer (A.P.-Nr.) zugeteilt. Diese muss auf dem Etikett erscheinen. Weine, die den Ansprüchen nicht genügen, werden zu Tafelweinen deklassiert.
- **Qualitätswein mit Prädikat (QmP)**: Dies ist die höchste Stufe des deutschen Weins. Die Weine werden nach der Reife ihrer Trauben unterschieden. Chaptalisieren ist verboten. Wie die QbA-Weine müssen sich auch alle QmP-Weine der amtlichen Prüfung unterziehen. Je nach Reife der Traube (Öchslegrade) werden die QmP-Weine in eine der folgenden sechs sogenannten Prädikatsstufen eingeteilt:

Kabinett: Die leichtesten Prädikatsweine werden zum normalen Zeitpunkt geerntet. Kabinett hat aber höhere Öchslegrade als ein normaler QbA und ist trocken oder halbtrocken.

Spätlese: Der Erntezeitpunkt wurde hinausgezögert, die Trauben sind reifer. Das gibt intensivere, konzentriertere Weine mit schöner Fruchtsüsse.

Auslese: von speziell ausgelesenen Trauben und Beeren gekeltert. Zum Teil sind diese auch schon von Edelfäule befallen. Der Wein ist halbtrocken und weist eine schöne Säure auf.

Beerenauslese: aus speziell ausgelesenen Beeren gepresst. Diese sind meist von Edelfäule befallen und geschrumpft. Die Weine sind schon markant süss mit balancierter Säure.

Trockenbeerenauslese: Die sogenannte TBA wird nur in den besten Jahren hergestellt aus von Botrytis befallenen einzelnen Beeren. Die sehr süssen Weine sind rar und gehören entsprechend zu den teuersten Weinen der Welt.

Eiswein: Nach einer kalten Frostnacht (mindestens −8 °C) werden die gefrorenen Trauben direkt abgepresst. Das Wasser bleibt im Eis gefangen, während der zuckersüsse Most abläuft. Eine delikate Rarität, die nur in wenigen Jahren erzeugt werden kann.

Produktionsgebiete

Zwei Regionen dominieren das Land und prägen auch zwei verschiedene Weinstile: Mosel und Rhein.

MOSEL

Moselweine sind bleich in der Farbe, leicht im Körper und haben mit ihrem frischen Säure-Süsse-Spiel eine unvergleichliche Eleganz. Sie kommen in langhalsigen grünen Flaschen auf den Markt.

Die Rebberge liegen an den steilen Südhängen entlang der Mosel und deren Zuflüssen Saar und Ruwer (bis 2007 hiess die Region deshalb auch Mosel-Saar-Ruwer). Die besten Weine wachsen hier auf den typischen schwarzen Schieferböden. Die Wärmespeicherung des Bodens und die Reflexion des Lichts auf dem Fluss helfen, die Rieslingtrauben optimal auszureifen. Als Top-Gebiet gilt die Mittelmosel. Viele Einzellagen haben hier Weltruhm erlangt. Der «Bernkasteler Doctor» etwa, die «Wehlener Sonnenuhr» oder auch das «Piesporter Goldtröpfchen». Neben den berühmten, oft edelsüssen Qualitätsweinen mit Prädikat produziert die Mosel auch einfache QbA-Weine und Tafelweine.

RHEIN

Die Rheinweine sind kräftiger in der Farbe und voller im Stil als die Moselweine. Die traditionelle Rheinwein-Flasche ist schlank, langhalsig und braun.

Die bekanntesten Weinregionen entlang dem Rhein sind Rheingau, Rheinhessen, Nahe und Pfalz. Im Rheingau ist Riesling die Haupttraube. Berühmte Weine sind der Rüdesheimer Berg und der Bereich Johannisberg. Die Weine der Nahe gelten als die elegantesten Rheinweine. Sie liegen im Stil zwischen Mosel und Rhein. In Rheinhessen, dem grössten deutschen Weingebiet, sind die Sorten Müller-Thurgau und Silvaner weit verbreitet. Die besten Reblagen finden sich bei Dürnstein und Oppenheim. Hier wächst vor allem der Riesling. Die Pfalz, früher Rheinpfalz genannt, ist das südlichste und wärmste Gebiet. Hinter Rheinhessen ist es das zweitgrösste Weingebiet Deutschlands. Hier werden die kräftigsten und aromatischsten Rheinweine produziert. Am Rhein ist auch ein überregionaler Wein beheimatet: die berühmt-berüchtigte Liebfraumilch. Ursprünglich nach einer Einzellage in Worms benannt, kann der fruchtig-süsse Exportschlager heute in ganz Rheingau, Rheinhessen, Nahe und Pfalz produziert werden.

ANDERE QUALITÄTSWEIN-REGIONEN

Die anderen acht Qualitätsweinregionen Deutschlands sind Ahr (eine Rotweininsel), Mittelrhein, Franken, die Hessische Bergstrasse, Württemberg, Baden (parallel zum Elsass auf dem gegenüberliegenden Rheinufer) und die beiden Weingebiete der ehemaligen DDR: Sachsen und Saale-Unstrut.

MASSENWEINE

Viele erstklassige deutsche Rieslinge werden zu erstaunlich günstigen Preisen verkauft. Dazu kommen billige, in grossen Mengen erzeugte Weine aus anderen Sorten, die nicht so hochwertig sind und höhere Erträge bringen, etwa Müller-Thurgau, Silvaner und eine Reihe von speziellen Züchtungen, die trotz des kühlen Klimas aromatische Frucht und einen hohen Zuckergehalt entwickeln können. Solche Weine sind gewöhnlich sehr fruchtig und blumig, mit leichtem Körper, mittlerer Süsse und mittlerem bis hohem Säuregehalt, doch fehlt ihnen der Charakter und die erfrischende Spritzigkeit eines Rieslings von einer Spitzenlage. Hauptanbaugebiete für sie sind Rheinhessen und die Pfalz. Im Export werden viele davon immer noch Liebfrauenmilch (beziehungsweise Liebfraumilch) genannt, obwohl sich andere Markennamen immer mehr durchsetzen. Liebfrauenmilch ist ein lieblicher, aus mehreren Sorten verschnittener QbA. Wenn Sie im Ausland auf einen als «Hock» bezeichneten deutschen Wein stossen, ist dies ein im Stil von Liebfrauenmilch erzeugter Tropfen, der aber nicht die Anforderungen eines QbA erfüllen muss.

5.12 ÖSTERREICH

Die Weingebiete Österreichs liegen im Osten des Landes. Über 80 % sind Weissweine. Die meist verbreitete Traubensorte ist der Grüne Veltliner. Sie bedeckt mehr als einen Drittel der österreichischen Rebfläche. Die bekanntesten blauen Traubensorten sind Zweigelt und St. Laurent. Das Klima in Österreich ist bedeutend wärmer als in Deutschland, die Weine entsprechend reicher und voller. Die Weine Österreichs sind meist trocken ausgebaut. Ausnahmen sind edle Süssweine.

Das Weingesetz Österreichs ist demjenigen Deutschlands sehr ähnlich. Es wird dasselbe vierstufige System verwendet: Tafelwein, Landwein, Qualitätswein und Prädikatswein.

Die grössten Weingebiete sind **Wien**, **Niederösterreich**, das **Burgenland** und die **Steiermark**. Vor allem für zwei Weine ist Österreich heute weltbekannt: einerseits für die Süssweine vom Neusiedlersee (Burgenland), wie z. B. der Ruster Ausbruch, andererseits auch für die trockenen, säurereichen Grünen Veltliner und Rieslinge aus der Wachau (Niederösterreich).

5.13 NEUE WELT

Der Begriff Neue Welt umfasst die Weinländer ausserhalb Europas. Sie wurden durch die Europäer kolonialisiert und daher auch durch die europäische Kultur geprägt. Dazu gehören auch der Weingenuss und der Weinanbau. Die Weingeschichte der Neuen Welt geht viel weiter zurück, als man denkt. Bereits im 16. Jahrhundert brachten die ersten Missionare Reben zur Herstellung von Messwein in die entfernten Kolonien. Mit den ersten Siedlern wurde der Rebbau rasch verbreitet.

Die Weinländer der Neuen Welt haben weit weniger restriktive Weingesetze, als dies in Europa der Fall ist. Der Winzer ist bei der Wahl der Traubensorte ebenso frei wie bei der Entscheidung, wo und wie er seinen Rebberg anlegen will. Beides wäre z. B. in einer französischen AOC-Region wie dem Burgund völlig undenkbar. Auch betreffend Produktionsmethoden wird der Winzer kaum eingeschränkt. Die Bewässerung beispielsweise, in Europa fast überall verboten, ist in der Neuen Welt generell erlaubt. Weil die meisten Überseeländer von einem wärmeren Klima profitieren, zeigen sich die Weine reifer und fruchtiger im Charakter als ihre europäischen Konkurrenten.

Die modernen Weinbereitungstechniken verstärken die Fruchtigkeit noch und der häufig kräftige Einsatz von neuem Holz gibt den Weinen zusätzliche Aromen. Die allermeisten Weine der Neuen Welt sind für den raschen Konsum gemacht. Die Ernte in Amerika findet in etwa um dieselbe Zeit statt wie in Europa, die Länder auf der südlichen Halbkugel ernten ein halbes Jahr früher, zwischen Februar und April. Ein australischer Chardonnay ist demzufolge ein halbes Jahr früher reif.

USA

Die USA ist der weitaus grösste Weinproduzent der Neuen Welt. In der weltweiten Statistik rangieren die USA hingegen hinter Frankreich, Italien und Spanien auf Rang vier. Fast alle amerikanischen Bundesstaaten betreiben Weinbau, aber weitaus die grösste Menge wird an der Westküste erzeugt.

KALIFORNIEN

Kalifornien bürgt für über 90% der ganzen amerikanischen Weinproduktion und ist auch, was die Qualität angeht, der Leader in Amerika.

Klima

Der südliche Breitengrad würde in Kalifornien eigentlich ein sehr heisses Klima wie in Nordafrika bewirken. Die Winde vom kalten Pazifik sorgen aber für die nötige Abkühlung, ohne die der Qualitätsweinbau gar nicht möglich wäre. Das Wechselspiel von heisser Sonne, Nebel und kühlen Winden vom Pazifik sorgt für eine grosse Vielfalt von Klimabedingungen auf engstem Raum: von sehr heiss bis zu moderat kühl. Damit sind optimale Bedingungen für eine grosse Anzahl von Traubensorten mit ganz unterschiedlichen Anforderungen gegeben. Weinberge für Spitzenqualität finden sich auch weiter nördlich in den Bundesstaaten Oregon und Washington. Der Grossteil der billigen Massenproduktion findet im heissen, künstlich bewässerten Central Valley in Kalifornien statt. Dort ist wenig vom kühlenden Einfluss des Pazifiks zu spüren, Wärme und Sonne aber sorgen für grosse Erträge von gesunden, reifen Trauben.

Geografie

Das grosse Central Valley bei San Joaquin liegt weit vom Pazifik entfernt und ist entsprechend heiss. Die fruchtbaren Böden sorgen zusammen mit künstlicher Bewässerung für hohe Erträge. Von hier kommen günstige Massenweine in grossen Mengen. Die Qualitätsregionen liegen nahe beim kühlenden Pazifik. Bekannt für Spitzenweine sind vor allem Napa Valley und Sonoma Valley.

Weinstil

Entsprechend dem vorteilhaften Klima sind die kalifornischen Weine sehr körperreich und aromatisch. Die meisten Weine bestehen aus einer Traubensorte. Neben den hauptsächlich trocken ausgebauten Weinen gibt es eine kleine Süssweinproduktion und im kühlen, küstennahen Carneros District werden auch Schaumweine erzeugt.

Traubensorten

Die wichtigsten weissen Trauben sind Chardonnay und Sauvignon Blanc, der hier, in Anlehnung an seine Heimat Pouilly-Fumé im französischen Loiretal, auch «Fumé Blanc» genannt wird. Fumé Blanc ist in der Regel im Eichenfass ausgebaut, während Sauvignon Blanc die fruchtigere Variante aus dem Stahltank ist. Bei den roten Sorten dominiert Cabernet Sauvignon, gefolgt von Merlot, daneben wird auch die Burgundertraube Pinot Noir kultiviert.

Zinfandel

Zinfandel ist eine für Kalifornien sehr wichtige Rotweintraube für Qualitätsweine erster Güte. Man bereitet aus ihr zwar oft auch halbtrockene, fruchtige Rosés, von ihrer besten Seite zeigt sie sich aber in trockenen roten, körperreichen, alkoholstarken Weinen mit Noten von schwarzen Früchten, Trockenobst und süssen Gewürzen (Brombeere, Trockenpflaume, Rosine, Gewürznelke, Lakritze). Die intensivsten, vielschichtigsten Weine stammen von alten Reben: Einige mit Zinfandel bestockte Weinberge sind über 100 Jahre alt.

OREGON UND WASHINGTON STATE

An der Pazifikküste nördlich von Kalifornien liegt Oregon. Das Klima ist kühler und feuchter, weshalb hier vor allem die Traubensorte Pinot Noir sehr gut gedeiht.

Am Nordwestpazifik, noch weiter nördlich als Oregon, liegt Washington State mit der Hauptstadt Seattle. Das bekannteste Anbaugebiet von Washington heisst Columbia Valley. Von dort stammen hervorragende trockene Rotweine aus Merlot und Cabernet Sauvignon sowie Weissweine aus der Chardonnay-Traube.

KANADA

Obwohl als Weinland kaum bekannt, hat Kanada eine florierende Weinproduktion. Die Hauptanbaugebiete liegen zwar auf gleicher geografischer Breite wie Südfrankreich, wegen des polaren Einflusses ist das Klima aber kühl. Kanada ist ein grosser Produzent von Eiswein. Die Trauben werden nach Frostnächten gefroren gelesen und abgepresst. Das Wasser bleibt fest, nur der süsse Saft läuft aus.

SÜDAMERIKA

Der Weinbau auf dem amerikanischen Kontinent begann zur Zeit der spanischen und portugiesischen Missionare im 16. Jahrhundert. Mit der Besiedlung weitete er sich von Süd- und Zentralamerika nach Neumexiko und Texas aus. Lange Zeit wurden die überall wuchernden amerikanischen Urreben kultiviert, da erste Versuche mit Europäer-Reben fehlschlugen. Diese waren gegen die Reblaus und Pilzkrankheiten nicht resistent. Mittlerweile werden aber auch in Südamerika sämtliche Weine aus den europäischen Edelreben erzeugt.

ARGENTINIEN

Argentinien gehört zu den weltweit grössten Weinproduzenten. Je nach Jahrgang belegt es den fünften oder sechsten Platz. Die beste Produktionsregion liegt um die Stadt Mendoza am östlichen Fusse der Anden. Zwar hat Argentinien noch vor Chile ein DOC-System (Denominación de Origen Controlada) eingeführt, die Herkunftsbezeichnung nach Regionen (z. B. Mendoza, Río Negro, Cafayate) ist jedoch immer noch weit verbreitet. Das hohe Bergmassiv der Anden schützt vor den Westwinden, und das Klima in den argentinischen Hauptweinbauregionen ist heiss, trocken und sonnig. Die meisten Reben wachsen in der Ebene, die besten Lagen sind aber terrassierte, steinige Rebberge, die sich von 900 bis 3'000 m ü. M. an den Anden emporziehen und vom kühlenden Höheneinfluss profitieren.

Malbec ist die wichtigste Sorte für erstklassige Rotweine. Es handelt sich ursprünglich um eine Bordeaux-Traube, die körperreiche Weine mit mittlerem bis hohem Tanningehalt liefert. Einige argentinische Malbec-Weine sind daher gut alterungsfähig. Ihr Geschmacksprofil zeigt schwarze Früchte, oft mit Gewürznoten (Brombeere, schwarze Pflaume, Gewürznelke, Pfeffer), und die besten profitieren vom Ausbau in Eiche. Häufig wird Malbec mit Cabernet Sauvignon und/oder Merlot verschnitten. Die Sorte wird in weiten Teilen des Landes angebaut, die Hauptregion aber ist Mendoza.

Eine lokale weisse Spezialität ist die aromatische Torrontés-Traube. Sie liefert trockene Weissweine mit mittlerem Körper, viel Alkohol, mittlerem Säuregehalt und ausgeprägten fruchtig-floralen Aromen (Parfüm, Weintrauben, Pfirsich). Wie Malbec ist sie in Argentinien weit verbreitet, die besten Weine stammen aber aus der Region Cafayate.

Das wichtigste Gebiet für die Erzeugung von Premium-Chardonnay ist Mendoza. Cabernet Sauvignon und Merlot gedeihen am besten in Mendoza und Cafayate.

CHILE

Obwohl Chile viel weniger Wein produziert als Argentinien, beherrscht es den südamerikanischen Exportmarkt. Chile verfügt über eine ganz spezielle geografische Situation. Das Land erstreckt sich von Norden nach Süden über 4'000 km, misst aber an der breitesten Stelle nur knapp 300 km. Das schmale Band liegt eingeklemmt zwischen dem Pazifik im Westen und dem bis knapp 7'000 m hohen Andenmassiv im Osten. Im Norden isoliert die Atacamawüste, im Süden das ewige Eis der Antarktis.

Chile hat ein System der Herkunftsbezeichnung nach DOs (Denominación de Origen), in dem die Weinbauregionen in Subzonen untergliedert werden. Deren Namen richten sich zumeist nach den Flüssen, die von den Anden durch das jeweilige Gebiet in den Pazifik fliessen.

Die Weinberge Chiles liegen im Landesinnern nördlich und südlich der Hauptstadt Santiago. Das bekannteste Gebiet ist das Maipo Valley. Sehr gute Weine kommen auch aus dem Aconcagua Valley (Rotweine) und aus dem Casablanca Valley (Weissweine). Chile produziert trockene Weine aus fünf hauptsächlichen Traubensorten: Cabernet Sauvignon, Merlot und die in Europa praktisch ausgestorbene alte Bordeaux-Sorte Carmenère für Rotweine sowie Chardonnay und Sauvignon Blanc für die Weissen.

Die Rotweinsorte Carmenère spielt in Chile eine grosse Rolle. Sie stammt ursprünglich aus Bordeaux und kam zur gleichen Zeit wie Cabernet Sauvignon und Merlot nach Chile. Mit diesen Sorten wird sie auch häufig verschnitten. Sortenreine Carmenère-Weine haben eine dunkle Farbe, einen mittleren bis vollen Körper, einen mittleren bis hohen Säure- und Alkoholgehalt und viel Tannin. Ihre Geschmackspalette weist schwarze Früchte (Brombeere) und pfeffrige Gewürze auf. Unreif geerntet kann Carmenère scharfe Noten von grüner Paprikaschote und grünen Bohnen annehmen.

Die Böden der meisten chilenischen Regionen sind fruchtbar und werden mit reichlich Wasser aus den Flüssen bewässert. Das Klima ist im Allgemeinen heiss, und die meisten Reben, besonders für Weine der unteren Preisklasse, wachsen in der Talsohle des Valle Central, das zwischen der Kette des Küstengebirges und den Anden in nord-südlicher Richtung verläuft. Die besten Lagen profitieren von den kühlenden Brisen und Küstennebeln, die der kalte Pazifik schickt, in zunehmendem Masse aber auch von der Höhenlage, wenn Rebflächen in den Bergen angelegt werden.

AUSTRALIEN

Die ersten Siedler brachten 1'788 Rebsetzlinge nach Australien mit. Die Reben wurden im feuchten, subtropischen Klima nahe Sydney gepflanzt, gediehen aber jahrzehntelang überhaupt nicht. Der erste erfolgreiche Rebberg wurde erst 1830 von einem Schotten namens James Busby im Hunter Valley angelegt. Heute hat sich der Rebbau auf der ganzen südlichen Hälfte des Kontinents verbreitet und Australien gehört zu den zehn grössten Weinnationen der Welt.

Traubensorten

Von den in Australien angebauten Rebsorten sind Shiraz, Chardonnay, Cabernet Sauvignon, Semillon und Riesling die wichtigsten. Für die Produktion von Sparkling (Schaumwein) wird zudem Pinot Noir angebaut.

Die Angaben zu Region, Rebsorte und Jahrgang auf dem Etikett werden vom «Label Integrity Scheme» geregelt. Es gibt einige berühmte Ausnahmen, doch in der Regel sind Herkunftsangaben, die einen ganzen oder sogar mehrere Bundesstaaten umfassen, ein Hinweis auf Massenweine zu niedrigen Preisen.

Weingeografie

In vielen Teilen Australiens werden Reben angebaut. Die berühmtesten Gebiete aber liegen, mit Ausnahme des Hunter Valley, entweder entlang der Südküste, wo sie vom mässigenden Einfluss des kühlen südlichen Ozeans profitieren, oder mehr und mehr auch in gebirgigen Gegenden, wo die Höhe für niedrigere Temperaturen sorgt. Das Klima ist überall heiss und trocken, weshalb in den seltensten Fällen auf Bewässerung verzichtet werden kann. Das Innenland des Kontinents und die nördliche Hälfte sind zu tropisch und für Weinbau nicht mehr geeignet. Vier Staaten produzieren den Grossteil des australischen Weins:

New South Wales: Berühmtestes Anbaugebiet in diesem Staat ist das Hunter Valley, etwa zwei Autostunden nördlich von Sydney gelegen. Neben diversen europäischen Traubensorten wird hier die weisse, aus Bordeaux stammende Sémillon speziell gepflegt. Aus dem Gebiet Riverina kommen zwei Drittel der Produktion des Staates. Es sind vor allem günstige Massenweine.

Victoria: Unweit von Melbourne liegt das Yarra Valley. Das Klima ist hier vergleichsweise kühl und es fällt mehr Niederschlag als in anderen Regionen. Ideal für elegante Pinot Noir und Chardonnay und perfekt für die Produktion von Schaumweinen.

South Australia: Unweit von Adelaide liegt das bekannteste Weingebiet Australiens, das Barossa Valley. Die ersten Einwanderer hier waren Deutsche und noch heute erinnern Namen wie Rheinfarm, Hentschke oder Quelltaler an die Pionierzeit. Das Klima im Barossa ist heiss und trocken, ideal für üppige Weine aus Shiraz und Cabernet Sauvignon. Das grösste Weingebiet in Südaustralien heisst Riverland. Von hier stammen viele günstige Massenweine.

Western Australien: Südlich der Stadt Perth nahe der Pazifikküste liegt das Anbaugebiet Margaret River. Es ist bekannt für elegante Rotweine und fruchtige Weissweine aus Chardonnay und Sauvignon blanc.

Ganz im Gegensatz zur europäischen Tradition ist in Australien das «Multi-Regional-Blending» gang und gäbe. Es geht dem Kellermeister dabei darum, komplexere Weine zu kreieren, indem Trauben verschiedener Herkunft verwendet werden. In einem Chardonnay können so beispielsweise die Kraft und der Gehalt des Barossa Valley mit der Finesse und Eleganz von Victoria vermählt werden. Steht auf der Etikette als Herkunft South-Eastern Australia, können Weine aus New South Wales, South Australia und Victoria verschnitten sein.

NEUSEELAND

Das Klima der Doppel-Insel mitten in der Tasmanischen See ist stark maritim beeinflusst und daher eher feucht und kühl. Am besten eignen sich diese Bedingungen für die Erzeugung von sortenreinen, äusserst fruchtigen Weiss- und Rotweinen.

Der Grossteil des Weins stammt von der Nordinsel. Die beiden bekannten Gebiete sind Hawkes Bay und Gisborne. Die grösste Region von Neuseeland liegt im Nordosten der Südinsel. Es handelt sich um das Gebiet Marlborough nahe der Stadt Blenheim. In Neuseeland haben sich verschiedene Schweizer Winzer erfolgreich etabliert: die Fromm Winery etwa des Bündners Georg Fromm oder die Herzog Winery.

In Neuseeland gibt es kein hierarchisches System von geografischen Bezeichnungen, auch wenn einige Namen von Weinregionen wie Wairau Valley oder Gimblett Gravels das Gebiet genauer eingrenzen als beispielsweise Marlborough oder Hawke Bay. Der grösste Teil Neuseelands ist entweder zu gebirgig oder zu feucht für den Weinbau. Die erzeugten Mengen sind gering, dafür geniessen die Weine aus der Sauvignon-blanc-Traube einen ausgezeichneten Ruf.

SÜDAFRIKA

Der Weinbau am Kap blickt auf eine lange Tradition zurück. Pioniere waren hier die Holländer, die im Jahre 1659 eine Versorgungsstation für ihre Seefahrer einrichteten. Entsprechend der eher bescheidenen Weinbautradition der Niederlande fanden die später zugezogenen französischen Siedler ein gewisses Verbesserungspotenzial vor.

Dank hohen Hektarerträgen und systematischer Bewässerung liegt die Weinproduktion Südafrikas heute unter den Top-Ten-Weinregionen weltweit. Seit dem Ende der Apartheid haben die Exporte dramatisch zugenommen und die Weinwirtschaft boomt.

Der Weinbau konzentriert sich hauptsächlich auf die Regionen um das Kap der Guten Hoffnung. Die besten Weingebiete liegen nahe der Küste und profitieren von den kühlenden Meerwinden. Es sind dies die Coastal Region, Paarl und Stellenbosch.

Die Herkunft ist strikt geregelt. Jede Flasche trägt an der Kapsel ein nummeriertes Wine of Origin Label, das die Herkunft und die Qualität garantiert. Es wird erst nach der Degustation durch ein unabhängiges Gremium verliehen. Das WO-System (Wine of Origin) regelt die Etikettierung nach Herkunftsgebiet ebenso wie Angaben zu Rebsorte und Jahrgang. Auch Weingüter sind in das WO-System eingebunden. Ein «Estate Wine» (Gutswein) darf nur aus Trauben von den Weinbergen des im Etikett genannten Weinguts bereitet sein, nicht aus zugekauftem Lesegut.

In Südafrika werden viele internationale Trauben wie Chardonnay oder Cabernet Sauvignon angebaut. Die typische Sorte für leichte, fruchtige Weissweine aber ist die Loire-Traube Chenin-Blanc, die hier auch Steen genannt wird. Für Rotweine verfügt Südafrika gar über eine eigene Rebsorte, die Pinotage. Es handelt sich dabei um eine in Südafrika erfolgreich geschaffene Kreuzung von Pinot Noir mit der südfranzösischen Cinsaut (hier auch Hermitage genannt).

Die südafrikanischen Rebflächen konzentrieren sich um das Kap der Guten Hoffnung herum, wo Winde vom kalten Atlantik her einer ansonsten heissen Region Kühlung verschaffen. Gebiete nahe der Küste profitieren am meisten von der Ozeanbrise und haben das grösste Potenzial für Weine der Spitzenklasse.

Der Anbau von Chenin Blanc vor allem für die Massenproduktion preisgünstiger Weissweine ist weit verbreitet. Die meisten dieser Weine sind trocken oder halbtrocken, von mittlerem Körper und haben Aromen von Zitrus- und tropischen Früchten. Trotz der heissen Klimabedingungen sind sie mittel bis stark säurehaltig. Daneben gibt es Chenin-Blanc-Weine erstklassiger Qualität, von denen einige Eichenholznoten aufweisen. Chenin Blanc wird auch für Verschnitte verwendet, unter anderem mit Chardonnay, wo er die gleiche Rolle spielt wie der Semillon in australischen Semillon-Chardonnay-Verschnitten: Er ermöglicht die Produktion grösserer Mengen und bringt erfrischende Säure und Zitrusfrucht mit ein.

Pinotage ist eine speziell für die heissen Bedingungen in Südafrika gezüchtete Rotweintraube. Sortenreiner Pinotage wird in unterschiedlichen Stilen bereitet, typischerweise sind es aber körperreiche Weine mit mittlerem Tanningehalt und roten Fruchtaromen, die oft von pflanzlichen und animalischen Noten (Teer, Leder) begleitet werden.

5.14 SÜDWEINE

Definition

Weine, die aus dem südlichen EU-Raum stammen und vor, während oder nach der alkoholischen Gärung mit Trinkalkohol angereichert wurden.

Sherry

Stammt ausschliesslich aus dem Süden von Spanien rund um die Region Jerez. Er wird nach der alkoholischen Gärung mit Alkohol angereichert (15–20,9 Vol.-%) und in Eichenfässern gelagert. Das Solera-Verfahren kann man sich vereinfacht folgendermassen vorstellen: mindestens drei, oft aber auch mehr Reihen übereinandergestapelter Fässer. Die Fassreihe am Boden heisst Solera («die, die am Boden liegt»), die darüber liegenden Reihen nennt man Criaderas. Der zum Verkauf bestimmte Sherry wird immer aus der untersten Fassreihe entnommen. Dabei wird jedem Fass aber nur maximal ein Drittel des Inhalts entnommen. Die entnommene Menge wird aus der Fassreihe darüber nachgefüllt. Diese zweite Reihe wird wiederum aus der dritten Reihe darüber nachgefüllt. Dieses Prinzip setzt sich bis zur obersten Fassreihe fort. Die dort entnommene Menge wird nun mit jungem Wein ersetzt.

Sherrytypen

Fino (der beliebteste Sherry)

Er reift unter einer dicken Florschicht ohne oxidativen Einfluss. Es ist ein heller strohgelber, sehr trockener Sherry, der mindestens drei Jahre in der Solera reift und einen Alkoholgehalt von 15–17 % aufweist. Der beste Fino wird als Tio Pepe verkauft.

Manzanilla

Manzanilla ist eine besondere Art des Fino, die aus dem Hafenort Sanlúcar de Barrameda stammt. Diese hellgelbe Fino-Variante reift unter Flor. Aufgrund der hier vorherrschenden starken Atlantikwinde weist der Wein einen leicht salzigen Geschmack auf. Der Alkoholgehalt beträgt zwischen 15 und 16 %.

Amonillado

Diese körperreichste und geschmacksintensivste Fino-Variante entwickelt sich zunächst mehrere Jahre unter Flor; in diesem Stadium ist der Wein ein Fino mit etwa 15 % Alkohol. Der Fino entwickelt sich zum Amontillado, wenn durch ein Absterben der Florhefeschicht die Oxidation an der Luft einsetzt. Dieses Absterben wird altersbedingt meist nach 10–15 Jahren stattfinden. So entwickelt der Amonillado einen bernsteinfarbenen Goldton.

Oloroso

Ein Oloroso entsteht ohne Florschicht unter oxidativem Einfluss. Vom Aroma ist ein Oloroso grundsätzlich trocken, aber dunkler und kräftiger als ein Fino oder ein Amontillado mit feinen Nussaromen.

Luxus-Oloroso mit Anreicherung von Traubenmost werden neu verkauft als:
- VOS (Vinum Optimum Signatum) min. 20 Jahre alt oder
- VORS (Vinum Optimum Rare Signatum) min. 30 Jahre alt

Cream

Ein Cream-Sherry ist eine Verschmelzung eines Oloroso mit süssem Traubenmost (Arrope).

Malaga
Oxidativ ausgebauter Südwein aus dem gleichnamigen Gebiet in Südspanien, welcher am Schluss mit Traubendicksaft (Arrope) versetzt wird.

Marsala
Aromatischer Südwein aus Sizilien, der seine Süsse durch eingedickten Traubenmost erhält.

Madeira
Unendlich lange lagerfähiger Südwein aus der gleichnamigen Atlantikinsel Madeira vor Portugal. Er wird entweder trocken wie ein Sherry hergestellt oder süss wie ein Portwein. Der Altersprozess wird mithilfe den Estufas – klimatisierte Lagerräume, die den Alterungsprozess von früher auf den Schiffen ersetzen – durchgeführt.

Portwein
Südwein aus dem Duoro-Tal, der nach 14-monatiger Lagerzeit nach Villa Nova de Gaja vis à vis von Oporto gebracht und dort in den Lagerräumen in Flaschen oder Eichenfässern (Pipas) gelagert wird.

Mit Ausnahme der White Ports, die auch trocken auf den Markt kommen können, erhalten die Portweine ihre Süsse, indem sie kurz nach dem Sauser-Stadium mit Trinkalkohol versetzt werden.

Unterschieden werden zwei Porto-Typen:

Fassgelagerte Portweine
- **White Port/Ruby:** Beide lagern rund 2–3 Jahre im Fass und werden anschliessend in die Flasche abgefüllt. Der White Port hat ausschliesslich weisse Trauben und eignet sich sehr gut zum Aperitif. Der Ruby wird aus blauen Trauben hergestellt und hat eine intensive jugendliche Beerigkeit.
- **Tawny:** Nach der normalen Lagerzeit werden Tawnys in Pipas abgefüllt, wo der Portwein schneller altern und oxidieren kann. Tawny Ports kommen mit Jahrgangsangaben auf den Markt (10 years old).
- **Colheita:** Nach min. 7 Jahren Lagerzeit kommt dieser Portweintyp auf den Markt mit dem Jahrgang der Ernte (2003). Wird oft als Jahrgangs-Tawny bezeichnet.
- **LBV** (Late bottled Vintage): Nach 4–6 Jahren Fasslagerung wird er in die Flaschen abgefüllt und sollte noch etwas nachreifen.

Flaschengereifter Portwein
- **Vintage Port:** Wird ein ausserordentlicher Jahrgang zum Vintage erklärt, so wird dieser nach 24-monatiger Lagerzeit in die Flaschen abgefüllt. Der weitere Reifprozess findet hier ausschliesslich in der Flasche statt, was wie bei einem LBV zu Depot führt. Deshalb müssen beide Portweine dekantiert werden.

6 BIER

Definition von Bier

Gemäss schweizerischer «Verordnung alkoholische Getränke» wird Bier wie folgt definiert:
1. Bier ist ein alkoholisches und kohlensäurehaltiges Getränk, das aus mit Hefe vergorener Würze gewonnen wird, der Doldenhopfen oder Hopfenprodukte zugegeben werden.
2. Die Würze ist aus stärke- oder zuckerhaltigen Rohstoffen und aus Trinkwasser hergestellt. Als stärke- oder zuckerhaltige Rohstoffe werden vor allem Gerstenmalz, Weizenmalz oder auch andere Cerealien (z. B. Mais, Reis), Stärke (maximal 20 Gew.-%) und Zucker (maximal 10 Gew.-%) verwendet.

6.1 BIERHERSTELLUNG

Die Rohstoffe

Malz
Die Inhaltsstoffe der Braugerste wie auch anderer Getreidesorten sind nicht wasserlöslich. Um diese in eine lösliche Form zu überführen, werden die Körner eingeweicht, zum Keimen gebracht (Grünmalz) und danach bei langsam steigenden Temperaturen getrocknet. Bei einer Temperatur bis zu 85 °C getrocknete gekeimte Körner ergeben helles Malz und damit helles Bier; bei einer Temperatur von über 100 °C getrocknete gekeimte Körner ergeben dunkles Malz und damit entsprechend dunkles Bier.

Hopfen

Hopfen gehört zu den Hanfgewächsen und ist eine Rankpflanze, die in sogenannten Hopfengärten bis zur Ernte im Spätsommer auf eine Höhe von bis zu 10 m wächst. Für die Bierherstellung werden nur die Blüten der weiblichen unbefruchteten Hopfenpflanzen verwendet, da nur diese Hopfendolden die Aromastoffe, Bitterharze und Gerbstoffe enthalten, die das Bier auf verschiedene Arten beeinflussen:

- Sie geben dem Bier den aromatisch-bitteren Geschmack.
- Sie machen das Bier haltbar.
- Sie machen den Bierschaum beständiger.

Wasser

Brauwasser muss den gesetzlichen Anforderungen an Trinkwasser entsprechen. Es sollte frisch, möglichst kalkarm und biologisch einwandfrei sein.

Hefe

Die Hefe ist ein mikroskopisch kleiner Pilz, der den aus dem Malz stammenden Zucker in Alkohol, Kohlensäure und verschiedene Aromen umwandelt. Zur Bierherstellung werden hauptsächlich zwei verschiedene Hefetypen verwendet:

Untergärige Bierhefe arbeitet bei Temperaturen um ca. 10 °C und erhielt die Bezeichnung «untergärig», weil sich die Hefezellen gegen Ende der Gärung am Boden des Gärtanks absetzen. Viele Biersorten wie z. B. Lager oder Pils werden mit diesem Hefetyp hergestellt.

Obergärige Bierhefe arbeitet bei Temperaturen zwischen 15 und 25 °C und erhielt die Bezeichnung «obergärig», weil die Hefezellen gegen Ende der Gärung eher an die Oberfläche steigen. Typische Biersorten, die mit dieser Hefe hergestellt werden, sind z. B. Hefeweizen, Altbier, Stout oder Ale.

Das Brauen

Das aus der Gerste gewonnene Malz wird geschrotet (zerkleinert), damit sich dessen Inhaltsstoffe besser lösen können. Dieses geschrotete Malz wird mit heissem Wasser vermischt. Beim langsamen Erhitzen bis ca. 75 °C wird die Malzstärke in Malzzucker umgewandelt und dieser sowie auch alle weiteren löslichen Bestandteile, wie z. B. Farb- und Aromastoffe, gehen ins Wasser über. Dieser Vorgang wird Maischen genannt.

Im Läuterbottich (Pfanne mit Siebboden) werden die im Brauwasser gelösten Stoffe (Würze) von allen unlöslichen Malzbestandteilen getrennt. Diese Malzbestandteile werden auch als Treber bezeichnet und dienen u. a. als Viehfutter, da sie noch sehr eiweissreich sind. In der Würzepfanne wird der Hopfen zugesetzt und die Flüssigkeit anschliessend gekocht und einreduziert, bis sie den richtigen Stammwürzegehalt aufweist.

Der Stammwürzegehalt gibt den Extraktgehalt der Würze vor der Vergärung an. Je höher der Stammwürzegehalt, desto stärker ist das aus der Würze entstehende Bier.

Danach wird die Würze über Klär- und Kühlapparate geleitet und auf Temperaturen um 10 °C abgekühlt. Anschliessend wird die abgekühlte Würze mit Hefe versetzt und in die Gärbottiche geleitet.

Das Gären

Die Gärung vollzieht sich in grossen Gärtanks aus rostfreiem Stahl. Bei der Hauptgärung werden die beim Maischen gebildeten Malzzucker von der Hefe in Alkohol, Kohlensäure und Aromastoffe umgewandelt. Die Hauptgärung dauert ca. eine Woche. Die Hefe setzt sich während dieser Zeit am Boden des Gefässes ab und wird zur weiteren Verwendung abgezogen. Das entstandene Jungbier wird in den Lagerkeller geleitet.

Die Reifung

Während der Reifezeit im Lagerkeller bei Temperaturen um 0 °C gibt es eine leichte Nachgärung und Anreicherung mit natürlicher Gärungskohlensäure. Zusätzlich zur geschmacklichen Reifung gibt es auch eine Klärung des Biers durch sich absetzende Eiweissstoffe und Hefen.

Das konsumreife Bier wird nach einer Lagerzeit von ca. vier Wochen in der Regel filtriert und anschliessend in Fässer, Flaschen oder Dosen abgefüllt.

6.2 SACHBEZEICHNUNGEN UND BIERTYPEN

Es dürfen folgende Sachbezeichnungen verwendet werden:
- **«Lagerbier»**: bei 10,0–12,0 Massenprozent.
- **«Spezialbier»**: bei 11,5–14,0 Massenprozent.
- **«Starkbier»**: bei mindestens 14 Massenprozent.
- **«Leichtbier»**: Das Bier darf bis zu 3,0 Vol.-% so bezeichnet werden. Der Stammwürzegehalt von Leichtbier unterliegt keiner Begrenzung.
- **«Kohlenhydratarm»**: Bier mit einem Kohlenhydratgehalt von höchstens 7,5 g pro Liter und einem Alkoholgehalt von höchstens 4,5 Vol.-%. Der Stammwürzegehalt muss 8,0–9,0 Massenprozent betragen.
- **Übrige Kennzeichnung**: Trübe Biere, die nach einem speziellen Verfahren hergestellt wurden, müssen auf der Etikette einen entsprechenden Hinweis enthalten.

6.3 BIERAUSSCHANK UND SERVICE

Bier kann im Offenausschank oder als Flaschenbier angeboten werden. In Betrieben, die einen hohen Bierabsatz haben, wird es meistens offen ausgeschenkt. Ausserdem wird Offenbier von Liebhabern dem Flaschenbier vorgezogen.

Ausschanktemperatur
Ideal für den Geschmack des Biers und die gute Schaumbildung sind 8–12 °C. Es gibt jedoch Gäste, für die dieser Temperaturbereich zu niedrig ist. Es gibt einige Möglichkeiten, für sie die Temperatur des Biers zu erhöhen, ohne dass es in der Präsentation an Qualität einbüsst.

Flaschenbier temperieren
Die Flasche wird kurzzeitig in ein 40 °C warmes Wasserbad gestellt. Geöffnet wird sie erst vor dem Servieren, sodass kein Kohlensäureverlust entsteht.

Offenbier temperieren
Das gezapfte Bier im Bierglas wird kurzzeitig in ein 40 °C warmes Wasserbad gestellt. Danach setzt man die Schaumhaube auf.

Biergläser
Zum richtigen Bierausschank gehören auch entsprechende Biergläser. Sie müssen sauber sein, ohne Fettschlieren und ohne Waschmittel- oder Glanzmittelrückstände. Schon der geringste Rückstand lässt die beliebte und typische Schaumkrone in sich zusammensinken. Deshalb sollten Biergläser stets separat von fettigem Geschirr gespült und die Zugabe von Glanztrockner sorgfältig dosiert werden.

Typische Biergläser
- Becher
- Stange
- Tulpe
- Flûte
- Henkelbierglas
- Steingutkrug
- Weissbierglas
- Stiefel

Offenbier ausschenken
Voraussetzung ist, dass die Ausschankanlage in einem sauberen, tadellos gewarteten Zustand ist. Geliefert wird das Offenbier in verschiedenen Gebinden: Container (Inhalt 20 l), Keg-Fass (Inhalt 30 oder 50 l), Kugel- oder Zylindertank (Inhalt 1'000 l).

Damit dem Gast ein einwandfreies Bier serviert werden kann, wird folgende Zapftechnik verwendet:
1. Das Glas gründlich mit sauberem, kaltem Wasser ausspülen und kurz abtropfen lassen.
2. Anschliessend das Glas schräg unter den Zapfhahn halten und den Hahn ganz öffnen (Kipphebel ganz nach vorne ziehen).
3. Das Glas zu drei Vierteln füllen und kurz warten, bis sich der Schaum etwas gesetzt hat. Zum Schluss wird dem Bier eine schöne Schaumkrone aufgesetzt (Kipphebel kurz nach hinten drücken).

Ausschank von Flaschenbier

Die abgefüllten Flaschen werden von der Brauerei oder dem Getränkelieferanten angeliefert. Bei den Schweizer Flaschenbieren sind Retourflaschen (braunes Glas) und Einwegflaschen (grünes Glas) im Handel. Gängige Flaschengrössen sind: 33 und 50 cl Bier, das von der Brauerei in Flaschen geliefert wird, bekommt der Gast am Tisch eingeschenkt. Auch beim Flaschenausschank geht man schrittweise vor:
1. Glas und Flasche schräg halten und das Glas zu drei Vierteln füllen.
2. Das Glas kurz abstellen und dann die Schaumkrone aufsetzen.

Bier wird, wie alle Getränke, rechts vom Gast eingesetzt, wobei das Bierglas immer auf einen sauberen Bieruntersatz gestellt wird. Die Flaschenetikette oder das Signet auf dem Glas muss zum Gast gerichtet sein.

Die bekanntesten Biermischgetränke

Amer-Georges
3 cl Amer Picon, 1 cl Zitronensirup in ein Bierglas (Becher) geben und mit dunklem Bier auffüllen.

Bière grenadine
2 cl Grenadine-Sirup in ein Bierglas (Stange) geben und mit hellem Bier auffüllen.

Bière panachée (Radler)
In ein Bierglas (Stange oder Becher) ein Drittel Zitronenlimonade und zwei Drittel Lagerbier geben.

Berliner Weisse mit Schuss
In ein speziell breites Bierglas 2 cl Himbeersirup geben und mit Weissbier (obergäriges Berliner Bier) auffüllen. Die dicke Schaumkrone sollte dabei über den Glasrand reichen.

Biermischgetränke
Biermischgetränke bestehen aus Bier und anderen Getränken, wobei es sich um Limonaden, Spirituosen, Cider usw. handeln kann. Der Alkoholgehalt, der Anteil Bier sowie die Art und Anzahl anderer Komponenten sind unterschiedlich.

7 APERITIFS

7.1 APERITIFS AUF DER BASIS VON WEIN/WERMUT

Wermut ist ein Getränk aus Natur- oder Süsswein, Alkohol, Branntwein, Zucker und in Wein oder in Wasser gelösten Auszügen verschiedener aromatischer Pflanzenteile, insbesondere von Wermutkraut. Die Hauptproduzenten von Wermut sind Italien und Frankreich. Italienischer Wermut ist in der Regel süsslich, während französischer trocken ist und sowohl in der Küche als auch an der Bar verwendet wird. Der Alkoholgehalt von Wermut beträgt 14,5–22,5 Vol.-%.

Ausschank und Service

Die Ausschankmenge von Wermut beträgt 4 cl, serviert wird er im Short-Tumbler, und zwar auf zwei Arten:
- **Wermut sec**: ohne Zusatz von Siphon oder Mineralwasser, mit oder ohne Eis, mit einer Zitronenzeste.
- **Wermut gespritzt**: Auf Wunsch des Gastes wird Siphon oder Mineralwasser zugegeben und mit oder ohne Eis, aber mit einer Zitronenzeste serviert.

Bekannte Wermut-Marken

Markenname	Farbe	Geschmack	Herstellungsland
Carpano	Rot oder Weiss	Süss	Italien
Cinzano	Rot oder Weiss	Süss	Italien
Cinzano	Weiss	Trocken	Italien
Martini	Rot oder Weiss	Süss	Italien
Martini dry	Weiss	Trocken	Italien
Noilly Prat	Weiss	Trocken	Frankreich

7.2 APERITIFS AUF DER BASIS VON BITTER

Bitter sind Getränke, die – mit oder ohne Beigabe von Zucker – aus Trinksprit oder Spirituosen, Wasser, Auszügen aus bitteren und aromatischer Pflanzenteilen, ätherischen Ölen, natürlichen Essenzen sowie Zusätzen, die ihrer besonderen Art entsprechen, hergestellt werden. Bitter dürfen nicht künstlich gefärbt sein. Produziert werden Bitter-Aperitifs unter anderem in Italien, Frankreich, Deutschland und der Schweiz.

Ausschank und Service

Bitter-Getränke werden jeweils mit 4 cl im Short-Tumbler auf die gleiche Art serviert wie Wermut.

Bekannte Bitter-Aperitifs

Markenname	Zugabe	Herstellungsland
Campari	Zitronenzeste, Orangenschnitz oder -scheibe	Italien
Cynar		Italien
Ramazotti		Italien
Appenzeller		Schweiz
Weissflog		Schweiz
Diablerets		Schweiz
Suze		Frankreich
Amer Picon		Frankreich

7.3 APERITIFS AUF DER BASIS VON ANIS

Anis-Aperitifs werden aus Trinksprit, Wasser, Aromastoffen – insbesondere Anis und Fenchel – sowie Zucker oder Honig hergestellt. Die auf dem Markt erhältlichen Anis-Aperitifs kommen aus Frankreich. Sie dürfen einen Alkoholgehalt von höchstens 45 Vol.-% aufweisen.

Ausschank und Service

Die Ausschankmenge von Anis-Aperitifs beträgt 2 cl, serviert wird im Short-Tumbler. Werden die Anis-Aperitifs mit Wasser gemischt, verändert sich das transparente Gelb des Anis und wird milchig trüb, weshalb sie ohne Eis serviert werden. Dafür wird die vom Gast gewünschte Menge gekühltes Eiswasser (Trinkwasser und Eis in einer Karaffe) dazugereicht. Anis-Aperitifs werden zwar gekühlt getrunken, sie dürfen aber auf keinen Fall zu kühl gelagert werden, weil sie sich sonst verfärben.

Die bekanntesten Anis-Aperitifs

Markenname	Herstellungsland
Absinth	Schweiz
Pernod	Frankreich
Pastis	Frankreich
Ricard	Frankreich

Altklassischer Service

Absinth- oder Pernodlöffel über das Glas legen, einen in Absinth oder Pernod getränkten Würfelzucker drauflegen und den Würfelzucker anzünden. Separat dazu Eiswasser.

8 SPIRITUOSEN

Die Destillation

In einer Brennblase wird der alkoholhaltige Saft oder die Maische erhitzt, und da Alkohol einen niedrigeren Siedepunkt (78 °C) als Wasser hat, verdampft er zuerst. Dieser Alkoholdampf wird aufgefangen und durch ein Kühlrohr geleitet, wo der Dampf kondensiert. Das Kondensat, der Rohbrand (27–30 Vol.-%) wird aufgefangen und nochmals destilliert. Dies ergibt den farblosen Feinbrand von ca. 69–72 Vol.-% Alkohol. Dieses Verfahren für geschmacksintensive Spirituosen, wie Cognac und Single Malt Whisky, nennt sich Pot-Still. Für die geschmacksneutralen Spirituosen, wie Wodka und Scotch Whisky, verwendet man das Patent-Still-Verfahren (kontinuierliches Brennen).

Lagerung und Reifung

Alle Branntweine reifen durch die Lagerung. Branntweine, die farblos bleiben sollen, reifen in Korbflaschen oder Metalltanks; Whisky oder Cognac beispielsweise erhalten ihren goldbraunen Ton im Laufe der Reifung im Limousin-Eichenfass. Während der zum Teil sehr langen Lager- und Reifezeit verdunstet in den porösen und luftdurchlässigen Fässern ein Teil des Alkohols, was wesentlich für den hohen Preis dieser Produkte mitverantwortlich ist.

Die Destillate erhalten ihre Farbe durch:
- Lagerung in Eichenfässern
- Zugabe von karamellisiertem Zucker
- Mazeration

Nach der Destillation und während der Lagerung ist der Alkoholgehalt der Spirituosen so hoch (ca. 70 Vol.-% Alkohol), dass sie ungeniessbar sind. Nachdem sie mit destilliertem oder entmineralisiertem Wasser gemischt worden sind, ist der Alkoholgehalt auf das richtige und erlaubte Mass von 37,5–55 Vol.-% Alkohol reduziert worden.

Spitzenbrände werden noch verfeinert. Um eine in Farbe und Geschmack über Jahre gleichbleibende Qualität zu gewährleisten, werden jeweils verschiedene Jahrgänge miteinander gemischt. Dieser Vorgang wird Mariage genannt. Der Verschnitt von Whisky wird Blending genannt.

BRÄNDE AUS WEIN ODER RÜCKSTÄNDEN DER WEINBEREITUNG

Die Destillate aus Wein

Armagnac	
Rohstoff	Weisswein
Herkunft	Frankreich (Gascogne) Haut-Armagnac, Tenareze, Bas-Armagnac
Ausschank	2 cl
Servieren	Im Schwenker oder im Degustationsglas, Raumtemperatur
Marken	Bas Armagnac, Larressingle, Chabot, Jameaux, Sempé

Brandy/Branntwein – Weinbrand

Rohstoff	Wein
Herkunft	Deutschland, Italien, Spanien, Griechenland
Ausschank	2 cl
Servieren	Im Schwenker, Raumtemperatur
Marken	Deutschland: Asbach Uralt, Dujardin, Chantré Italien: Vecchia Romagna Spanien: Carlos I, Torres, Lepanto, Soberano Griechenland: Metaxa

Cognac

Rohstoff	Weisswein, Traubensorten Ugni Blanc (90%), Colombard und Folle blanche
Herkunft	Südwesten Frankreichs, Departement Charente
Ausschank	2 cl
Servieren	Im Schwenker oder im Degustationsglas, Raumtemperatur
Spezielles	Cognac muss mindestens zwei Mal gebrannt werden und mindestens zwei Jahre lang im Eichenfass gelagert werden. Cognac wird dem Verbraucher unter verschiedenen Altersbezeichnungen angeboten, die sich auf die Fassreife beziehen: **3-Sterne-Cognac oder V.S. (Very Soft)** mind. zwei Jahre im Fass gereift **V.S.O.P. (Very Superior Old Pale),** **V.O. (Very Old) Vieux und Réserve** mind. vier Jahre im Fass gereift **X.O. (Extra Old), Napoléon** mind. sechs Jahre im Fass gereift **Extra** mind. acht Jahre im Fass gereift
Marken	Napoléon, Courvoisier, Hennessy, Martell, Bisquit, Rémy Martin, Camus, Gaston de Lagrange, Frapin, Marnier

Destillation von Nebenprodukten der Weinherstellung

Grappa

Rohstoff	Vergorener Traubentrester oder Traubenmaische und Weinhefe
Herkunft	Schweiz (Tessin), Italien
Ausschank	2 cl
Servieren	Im Spirituosenglas, Raumtemperatur
Marken	Schweiz: Nostrana, Ticinella, Tre Castelli Italien: Brunello, Amarone

Marc

Rohstoff	Destillat aus vergorenem Traubentrester
Herkunft	Schweiz, Frankreich
Ausschank	2 cl
Servieren	Im Schwenker, Raumtemperatur
Marken	Schweiz: Marc du Valais Frankreich: Marc de Bourgogne, Marc de Champagne

BRÄNDE AUS FRÜCHTEN, OBST UND BEEREN

Obstbrand

Obstbrand ist eine Spirituose, die ausschliesslich durch alkoholische Gärung und Destillation einer frischen, fleischigen Frucht oder des frischen Mosts dieser Frucht, mit oder ohne Steine, gewonnen wird. Unter diesen Begriff fällt auch ein Brand aus Apfel- oder Birnenwein.

Aprikosengeist

Rohstoff	Vergorene Aprikosen
Herkunft	Schweiz
Ausschank	2 cl
Servieren	Im Spirituosenglas, Raumtemperatur
Marken	Abricotine

Calvados

Rohstoff	Apfelwein
Herkunft	Frankreich (Normandie)
Ausschank	2 cl
Servieren	Im Schwenker, Raumtemperatur
Marken	Boulard, Château du Breuil, Busnel, Gilbert, Père Magloire, Coeur de Lion, Morin

Himbeergeist

Rohstoff	Saft von mazerierten Himbeeren, destilliert
Herkunft	Deutschland, Schweiz, Österreich, Italien
Ausschank	2 cl
Servieren	Im Spirituosenglas, Raumtemperatur
Marken	Schladerer, Morand

Kirsch/Kirschwasser

Rohstoff	Vergorene Kirschenmaische
Herkunft	Schweiz, Deutschland
Ausschank	2 cl
Servieren	Im Spirituosenglas, Raumtemperatur
Marken	Fassbind, Dettling, Etter, Zuger, Baselbieter, Fricktaler, Hecht, Räber

Pflümli

Rohstoff	Vergorene Pflaumen
Herkunft	Schweiz, Österreich, Deutschland
Ausschank	2 cl
Servieren	Im Spirituosenglas, Raumtemperatur
Marken	Fassbind, Etter, Sunnebergler, Landtwing Zug

Williams

Rohstoff	Vergorene Williamsbirnen
Herkunft	Schweiz, Italien
Ausschank	2 cl
Servieren	Im Spirituosenglas, Raumtemperatur
Marken	Morand, Bon Père, Hammer, Fassbind

BRÄNDE AUS STÄRKEHALTIGEN PRODUKTEN

Getreidespirituose ist ein Destillat, das aus vergorener Getreidemaische gewonnen wird und die Merkmale der Ausgangsstoffe aufweist.

Aquavit

Rohstoff	Vergorenes Getreide mit leichtem Kümmelaroma, Gewürzen, Koriander, Zimt, Fenchel, Dill, Zitronenschalen, Nelken und Sternanis
Herkunft	Vorwiegend nordische Länder (Dänemark, Norwegen, Schweden)
Ausschank	2 cl
Servieren	Im Spirituosenglas, gekühlt
Marken	Taffel Akvavit Alborg (Dänemark), Lima Akvavit (Schweden), Lifens (Norwegen)

Gin (in den Niederlanden als Genever bekannt)

Rohstoff	Vergorenes Getreide wie 75 % Mais, 15 % Gerstenmalz, 10 % Roggen und Wacholderaroma
Herkunft	England, Holland, Kanada, USA, Brasilien, Japan
Ausschank	2 cl oder 4 cl
Servieren	Im Spirituosenglas, Raumtemperatur oder im Tumbler gekühlt
Marken	Gordon, London Dry, Walkers, Gilbeys, Beefeater, Tanquerrays

Vodka/Wodka

Rohstoff	Vergorene Maische aus Weizen, Roggen, Mais, eventuell Kartoffeln
Herkunft	Russland, Polen, Finnland, Schweden, USA
Ausschank	2 cl oder 4 cl
Servieren	Im Spirituosenglas, Raumtemperatur oder im Tumbler gekühlt
Marken	Moskovskaya, Puschkin, Stolichnaya, Vodka Smirnoff, Wyborowa, Eristoff, Absolut, Finnlandia, Iceberg

Schottischer Whisky (Scotch-Whisky)

Rohstoff	Vergorener, gemalzter und ungemalzter Roggen, Mais, Weizen und Gerste, Blend aus mehreren Brennereien
Herkunft	Grossbritannien (Schottland)
Regionen	Highlands, Speyside, Islands mit den Inseln Skye, Mull, Jura, Isle of Islay, Campbeltown und Lowlands
Ausschank	4 cl
Servieren	Im Tumbler, Raumtemperatur
Marken	Johnnie Walker, Black & White, White Horse, John Haig, Vat 69, Chivas Regal, J & B, Ballantine's, Dimple

Schottischer Whisky (Single Malt-Whisky)

Rohstoff	Ausschliesslich aus vergorener, gemalzter Gerste, Blend aus nur einer Brennerei
Herkunft	Grossbritannien (Schottland)
Regionen	Highlands, Speyside, Islands, Isle of Islay
Ausschank	2 cl oder 4 cl
Servieren	Im Spirituosenglas, Raumtemperatur
Marken	Glenfiddich, Tallisker, Macallan, Oban, Lagavulin

Irish Whiskey

Rohstoff	Vergorener Roggen und Mais (dreifach gebrannt)
Herkunft	Irland
Ausschank	4 cl
Servieren	Im Tumbler, Raumtemperatur
Marken	Tullamore Dew, John Jameson, Old Bushmill, Whiskey Killbeggan

Bourbon Whiskey

Rohstoff	Mindestens 51% vergorener Mais, Rest anderes vergorenes Getreide (mind. 80% vergorener Mais = Straight Bourbon)
Herkunft	USA (Kentucky)
Ausschank	4 cl
Servieren	Im Tumbler, Raumtemperatur
Marken	Four Roses, Old Grand Dad, Seagram's 7 Crown, Harper's, Old Forester, Jim Beam

Rye Whiskey

Rohstoff	Mindestens 51% vergorener Roggen, Rest anderes vergorenes Getreide
Herkunft	USA (Kentucky)
Ausschank	4 cl
Servieren	Im Tumbler, Raumtemperatur
Marken	Four Roses, Old Grand Dad, Seagram's 7 Crown, Harper's, Old Forester, Jim Beam

Tennessee Whiskey

Rohstoff	Mindestens 51 % vergorener Mais, Rest anderes vergorenes Getreide, Filtration durch Ahorn-Holzkohle
Herkunft	USA (Tennessee)
Ausschank	4 cl
Servieren	Im Tumbler, Raumtemperatur
Marken	Jack Daniel's, Capel

Canadian Whisky

Rohstoff	Vergorener Roggen und Mais
Herkunft	Kanada
Ausschank	4 cl
Servieren	Im Tumbler, Raumtemperatur
Marken	Canadian club, Seagram's VO

BRÄNDE AUS PFLANZEN UND WURZELN

Arrak

Rohstoff	Palmzuckersaft und Reismaische
Herkunft	Sri Lanka, Siam, Indien
Ausschank	2 cl
Servieren	Im Spirituosenglas, gekühlt
Marken	Batavia Arrak, Mendis

Cachaça

Rohstoff	Zuckerrohrbrand direkt aus dem Saft des Zuckerrohrs
Herkunft	Brasilien
Ausschank	4 cl
Servieren	Wird meist als Mixgetränk verwendet (Caipirinha)
Marken	Cachaça Tucano do Brasil, Pitú, Cachaça 51

Rum

Rohstoff	Vergorene Zuckerrohrmaische oder Melasse
Herkunft	Kuba, Puerto Rico, Mexiko
Ausschank	2 cl oder 4 cl
Servieren	Im Spirituosenglas, klarer Rum gekühlt, brauner bei Raumtemperatur
Marken	Havanna, Bacardi, Coruba, Colonial, Negrita, Cruzan, Appleton, Bermudez

Tequila

Rohstoff	Ausschliesslich aus der vergorenen blauen Maguey-Agave, streng limitiertes Anbaugebiet, ausserhalb Mezcal mit einem Mezcalino-Wurm in der Flasche
Herkunft	Mexiko
Ausschank	2 cl
Servieren	Im Spirituosenglas, gekühlt
Marken	José Cuervo, Espuela, Mariacchi, Sauza

8.1 LIKÖRE

Liköre sind Mischungen von Feinsprit oder Edelbranntweinen und entsprechenden Aromastoffen mit Zusatz von Zucker und Wasser.

Unter Kennern werden die Liköre noch in Trinkliköre – Spirituose im Likör ist ein Trinklikör – oder Edellikröre – die Spirituose im Likör ist bereits veredelt worden, z. B. Cognac – unterschieden.

Die bekanntesten Liköre (E steht für Edellikör)

- **Amaretto**: italienischer Likör mit Mandeln, Aprikosenkernen und Gewürzen
- **Bailey's Original Irish Cream (E)**: Irish Whiskey, Sahne, Vanille und Kakao zeichnen diesen irischen Likör aus
- **Bénedictine**: 27 verschiedene Kräuter und Gewürze bilden das Originalrezept vom Palais Bénédictine in Fécamp in Frankreich aus dem Jahr 1863
- **Chartreuse**: französischer Kräuterlikör
- **Cointreau**: französischer Orangenlikör auf Basis von Bitterorangen, Orangenschalen sowie verschiedenen Kräutern; der wohl bekannteste Triple sec der Welt
- **Drambuie (E)**: der englische Toplikör auf Basis von Malzwhisky, Heidekraut und Honig
- **Eierlikör**: aus verschiedenen Ländern mit Eigelb und Zucker
- **Galliano**: verschiedene Kräuterauszüge mit feinem Vanille und Anis zeichnen diesen italienischen Likör aus
- **Grand Marnier (E)**: der bekannteste französische Likör auf Basis von Bitterorangen, Orangenmark und Cognac
- **Kahlua**: mexikanischer Likör mit Kräuter, Kaffee und Vanille
- **Maraschino**: traditioneller italienischer Likör mit Maraska-Kirschen
- **Pimms's No.1 (E)**: Englands Exportschlager in klassischen Bars mit Gin und verschiedenen Kräutern

- **Pisang Ambon**: Indonesiens Likör mit Bananen, exotischen Früchten, Kräutern und Gewürzen
- **Sambuca**: italienisches Produkt aus Sternanis, Anis und Lakritze
- **Southern Comfort (E)**: das Geheimrezept aus New Orleans basiert auf Bourbon Whiskey, Pfirsich, Orange und Kräutern
- **Tia Maria (E)**: wunderbarer Likör aus Jamaika auf Basis von Rum, Blue Mountain Kaffee und Vanille

8.2 BAR

ARBEITSREGELN AN DER BAR

Folgende Regeln sind zu beachten:

- Man muss die Drinkrezepturen kennen und die Masseinheiten einhalten.
- Für jeden Drink sind die passenden Gläser zu verwenden.
- Fertige Getränke sind unverzüglich zu servieren.
- Aus Qualitätsgründen sollten Markenspirituosen verwendet werden.
- Die Garnituren werden vor dem Zubereiten der Drinks geschnitten.
- Früchte an der Bar sind beim Auffüllen zu waschen und mögliche Aufkleber sind zu entfernen.
- Vorgeschnittene Früchte werden der Verbrauchsmenge angepasst.
- Weder Eis noch Zutaten werden mit den blossen Händen berührt.
- Eiswasser im Shaker oder im Mixglas wird immer abgeschüttet.
- Es gehören auch alkoholfreie Mixgetränke in das Getränkeangebot.
- Es ist auf Hygiene und Sauberkeit zu achten, ein spezieller Reinigungsplan hilft dabei.
- Verderbliche Waren müssen gekühlt gelagert werden.
- Bargeräte und Maschinen sollten jeden Abend desinfiziert werden.

BAR- UND MIXGETRÄNKE

Es gibt typische Bar- bzw. Mixgetränke, die sowohl alkoholhaltig als auch alkoholfrei sein können und als Aperitif, Digestif oder als Getränk zwischendurch konsumiert werden. Ausserdem werden diese Getränke meist frisch hergestellt. Ein wichtiger Faktor dabei ist die Kunst des Herstellens, mehr aber noch die Kunst der richtigen Präsentation. Als Grundalkoholika an der Bar gelten die klassischen Branntweine Cognac, Gin, Rum, Whisky und Wodka.

Cocktails, Drinks, Longdrinks usw. werden je nach Inhalt, Zubereitungsart oder nach Konsumationstageszeit in diverse Selektionen unterteilt. Zum Teil weichen diese nur leicht von einer anderen Einteilung ab.

All-Day-Cocktails

All-Day-Cocktails sind erfrischende, spritzige Cocktails, die zu jeder Tageszeit konsumiert werden können.

After-Dinner-Cocktails

Diese Cocktailgruppe wird nach dem Essen serviert, die Getränke sollen das Mahl abschliessen und schmecken in der Regel süsslich.

Bowlen

Bowlen sind Mixgetränke, die meist in grossen Mengen angesetzt werden. Für die Herstellung von Bowlen werden Früchte geschnitten, direkt in die Bowlenschüsseln gegeben und überwiegend mit Wein und Schnaps übergossen und längere Zeit kaltgestellt. Kurz vor dem Servieren wird die Bowle dann mit eiskaltem Sekt/Champagner oder auch Sodawasser aufgegossen.

Champagner-Cocktails

Diese Cocktails werden zum Abschluss der Herstellung mit Champagner aufgefüllt.

Cocktail

Cocktail ist der Sammelbegriff für alle Bargetränke, die gemixt werden. Genauer gesagt beginnt ein Cocktail bei mindestens zwei Zutaten unabhängig von der Zubereitungsart.

Cobbler

Der Cobbler ist ein Longdrink, der Früchte enthält und meistens mit Schaumwein oder Soda aufgegossen wird.

Collins

Collinses sind Longdrinks mit herbem Charakter, die direkt im Glas zusammengerührt werden. Ein Collins wird mit Sodawasser aufgegossen und mit einer Zitronenscheibe serviert.

Egg-Nogg

Egg-Noggs sind kalte oder warme Mixgetränke aus Milch, Eiern, Säften und Spirituosen.

Fancy Drink

Fancy Drinks sind alle Mixgetränke, die keiner der klassischen Cocktailgruppen zugeordnet werden können. Es handelt sich meistens um Eigenkreationen kreativer Cocktailliebhaber.

Frozen Drink

Wird im Mixer mit viel Eis gemixt (siehe Software «Shake it Easy: Frozen Banana Margaritha» von Charly Widmer).

Glühwein

Glühwein wird zubereitet, indem pro Person 2–3 dl Rotwein zusammen mit einem Zimtstängel, einem Lorbeerblatt, zwei Gewürznelken, Zucker und der dünn abgeschnittenen Schale einer halben Zitrone in einer Pfanne langsam bis zum Siedepunkt erhitzt werden; der Wein darf auf keinen Fall kochen. Für den Service giesst man den Glühwein durch ein Teesieb in Teegläser, stellt diese auf Unterteller und gibt Kaffeelöffel dazu.

Grog

Grog wird meistens mit Rum zubereitet, kann aber auch mit Cognac, Whisky oder Gin aufgegossen werden. Für einen Grog wird in ein Teeglas eine Portion vorgewärmter Rum gegeben und mit heissem Wasser aufgefüllt, Zucker wird dazugereicht. Für den Service wird das Teeglas auf einen Unterteller gestellt; dazu gehört ein Kaffeelöffel.

Julep

Juleps sind Cocktails, zu deren Zubereitung direkt im Glas frische Minze (Blätter oder Zweige) verwendet werden.

Longdrinks

Für diese Mixgetränke werden die Alkoholika mit alkoholfreien Getränken gestreckt. Longdrinks sollen erfrischend und gut gekühlt sein. Serviert werden sie im Longdrink-Glas. Es gibt auch Longdrinks ohne Alkohol.

Non-Alcoholic Cocktail

Drinks, die keinen Alkohol enthalten.

Pousse-Café

Pousse-Cafés, Couleurs oder auch Scaffas genannt, sind eine besondere Gruppe von Shortdrinks: Verschiedenste Liköre und Branntweine werden vorsichtig nacheinander in einem hohen und schmalen Glas aufeinandergeschüttet, sodass sich keine der Zutaten miteinander vermischt. Durch das unterschiedliche getränkespezifische Gewicht jeder einzelnen Zutat entsteht ein optischer Farbeffekt. Bei der Ausführung ist eine ruhige Hand gefordert. Den gleichen Effekt kann man auch durch unterschiedliche Temperaturen der Zutaten erreichen.

Pre-Dinner-Cocktail

Die Pre-Dinner-Cocktails sollen appetitanregend sein. Es sind meist trockene oder auch bittere Cocktails, die vor dem Essen konsumiert werden.

Short

Shortdrink ist die allgemeine Bezeichnung für alle Bargetränke bis zu 8 cl Inhalt. Meist sind dies Getränke mit hohen Prozentwerten.

Sour

Sours sind Longdrinks mit einem hohen Alkoholgehalt. Sie können den Collinses und Fizzes zugeordnet werden und werden mit Früchten dargeboten.

GRUNDZUBEREITUNGSARTEN

Für die Zubereitung gibt es vier Möglichkeiten:

Die Zubereitung im Gästeglas

Die Eiswürfel werden in ein Glas gegeben. Das Glas wird mit der alkoholhaltigen und der alkoholfreien Flüssigkeit aufgefüllt. Auf Wunsch des Gastes wird der Drink auch ohne Eis serviert.

Beispiele:
- Pimms No. 1
- Bloody Mary
- Old Fashioned
- Americano
- Caipirinha

Die Zubereitung im Mixglas/Rührglas

Gerührt werden alle Cocktails, die dünnflüssig sind und aus Zutaten bestehen, die sich leicht verbinden. Man rührt vorsichtig mit dem Barlöffel, Barlöffelstiel oder Stirrer. Ins Mixglas gibt man ca. sieben Eiswürfel, aber nie gestampftes (crushed) Eis.

Beispiele:
- Dry Martini Cocktail
- Manhattan
- Black Russian
- Gimlet
- Negroni

Die Zubereitung im Shaker

Die Zutaten werden zusammen mit fünf oder sechs Eiswürfeln in den Shaker gegeben. Danach wird der Shaker in beide Hände genommen und waagrecht kräftig geschüttelt. Nach wenigen Sekunden kann man ihn öffnen und mit dem Barsieb das fertige Getränk in das vorgekühlte Glas abseihen.

Beispiele:
- Daiquiri
- White Lady
- Alexander
- Margarita
- Sex on the Beach

Die Zubereitung im Mixer/Blender

Durch Zubereiten im Mixer/Blender kann das Getränk am schnellsten gekühlt werden. Nachdem der Mixbecher in den elektrischen Mixer eingespannt wurde, wird das Getränk einige Sekunden gemixt und kann dann mit dem Barsieb in das vorgekühlte Glas abgeseiht werden. Achtung: Durch zu langes Mixen kann das Getränk durch das Eis verwässert werden.

Beispiele:
- Frozen Banana Margarita
- Gin Fizz
- Apple Blossom
- Banana Cow
- Country Club

BARREZEPTE

Zubereitung im Gästeglas

Pimms No. 1
4 cl Pimm's No.1
2 dl Ginger Ale Canada
½ Orangenscheibe
½ Zitronenscheibe
1 Pfefferminzzweig
1 Gurkenschale
2 Gurkenscheiben
Cocktailkirschen aufgespiesst

Bloody Mary
4 cl Wodka
1 dl Tomatensaft
Worchester/Tabasco, Salz, Pfeffer
und Zitronensaft
Stangensellerie zum Umrühren

Old Fashioned
1 Würfelzucker
2 ds Angostura Bitter
½ Orangenschnitz
½ Zitronenschnitz
1 Cocktailkirsche
auffüllen mit Eis
4 cl Bourbon Whiskey
direkt im Old Fashioned Glas

Americano
2 cl Campari
2 cl roter Vermouth
evtl. auffüllen mit Soda
Old Fashioned Glas mit Eis
Garnitur: 1 Orangenschnitz

Caipirinha/Caipirsohka/Caipirissimo
1 Lime (in Würfel geschnitten)
2 BL Zucker (brauner Rohrzucker gemahlen)
4 cl Cachaça/Vodka/Rum weiss
Limes und Zucker direkt im Longdrinkglas mit dem Mörser zerdrücken, auffüllen mit Eis evtl. Crushed Ice und die gewünsche Spirituose dazugeben, umrühren

Zubereitung im Mixglas/Rührglas

Dry Martini (5:1)
4 cl Gin
3 ds trockener Vermouth
im Mixglas
Cocktailglas
Garnitur: Zitronenzeste
Oliven à part

Manhattan
3 cl Canadian Whisky
1 cl roter Vermouth
2 ds Angostura Bitter
im Mixglas
Cocktailglas
Garnitur: 1 Cocktailkirsche

Black Russian
3 cl Vodka
1 cl Kaffeelikör
direkt im Glas
Old Fashioned Glas
Garnitur: keine

Negroni
1,5 cl Gin
1,5 cl roter Vermouth
1,5 cl Martini Bitter/Campari
direkt im Glas
Old Fashioned Glas mit Eis
Garnitur: 1 Orangenschnitz

Gimlet
4 cl Gin/Wodka
2 cl Rose's Lime
im Old Fashioned Glas mit Eis
Garnitur: 1 Limeschnitz

Zubereitung im Shaker

Alexander
2 cl Cognac/Brandy
2 cl Crème de Cacao braun
2 cl Sahne
im Shaker
Garnitur: auf Wunsch Muskatnuss

White Lady
2 cl Gin
2 cl Triple Sec/Cointreau
2 cl Zitronensaft
im Shaker
Cocktailglas
Garnitur: 1 Cocktailkirsche

Margarita
3 cl Tequila
4 cl Green Damon (Margarita Mix)
im Shaker
Cocktailglas
Garnitur: Salzrand

Daiquiri Frucht
2 cl Rum dunkel
2 cl Rum weiss
6 cl Daiquiri Mix
im Shaker
Longdrinkglas
Garnitur: 1 Cocktailkirsche

Sex on the Beach
2 cl Vodka
2 cl Pfirsichlikör
4 cl Orangensaft
auffüllen mit Cranberrysaft
im Shaker
Longdrinkglas
Garnitur: 1 Cocktailkirsche

Zubereitung im Mixer/Blender

Gin Fizz
4 cl Gin
2 cl Zitronensaft
2 cl Zuckersirup
im Mixer
Garnitur: Zuckerrand

Trend Mixgetränke

B 52
1,5 cl Kaffeelikör
1,5 cl Irish Cream
1,5 cl Cointreau/Triple Sec
direkt im Glas (Pousse-Café)
Shooterglas

Mojito
einige Minzblätter
1 Lime in Würfel geschnitten
1 BL brauner Zucker
4 cl Rum weiss oder Gold
Die Limewürfel mit dem Zucker im Longdrinkglas zerdrücken, die Minzblätter dazugeben und nochmals leicht zerdrücken.
Reichlich Crushed Ice und den Rum dazugeben, umrühren und mit Soda abspritzen.
Garnitur: 1 Minzezweig

Long Island Ice Tea
2 cl Gin
2 cl Vodka
2 cl Rum weiss
2 cl Triple Sec
1 cl Tequila
2 cl Zitronensaft
auffüllen mit Cola
im Shaker oder direkt im Glas
Longdrinkglas
Garnitur: 1 Zitronenschnitz

9 MINERALWASSER

Die Geschichte verschiedener Mineralquellen reicht bis in die Römerzeit zurück. Schon damals wurde Mineralwasser wegen seiner natürlichen Reinheit und seiner wohltuenden Wirkung sehr geschätzt. Mineralwasser ist dank seinen für den menschlichen Organismus wichtigen Mineralien ein wahres Geschenk der Natur.

Mächtige Gesteinsschichten tief im Erdinnern schirmen dieses Wasser vor schädlichen Einflüssen der Umwelt ab. Durch Aufnahme von Kohlensäure in den oberen Erdschichten ist das Wasser in der Lage, aus den verschiedenen Gesteinsschichten Mineralien herauszulösen. Solches Wasser bleibt meist Jahrzehnte, ja sogar Jahrhunderte unter der Erde, bis es wieder an die Erdoberfläche tritt. In Glasflaschen abgefülltes Mineralwasser ist mehrere Jahre haltbar.

Natürliche Mineralwasser

Natürliches Mineralwasser ist mikrobiologisch einwandfreies Wasser, das aus einer oder mehreren Quellen oder aus künstlich erschlossenen unterirdischen Wasservorkommen besonders sorgfältig gewonnen wird.

Es muss sich auszeichnen durch: besondere geologische Herkunft, Art und Menge der mineralischen Bestandteile, ursprüngliche Reinheit sowie die im Rahmen natürlicher Schwankungen gleichbleibende Zusammensetzung und Temperatur.

Das natürliche Mineralwasser darf in seinen wesentlichen Bestandteilen nicht verändert werden. Die Zugabe von Kohlendioxid ist erlaubt.

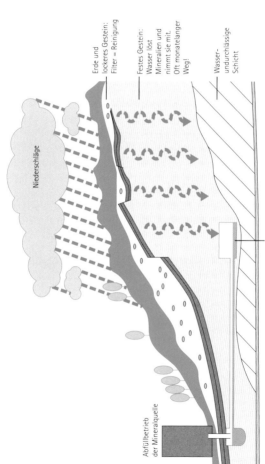

KOHLENSAURES WASSER ODER SIPHON

Kohlensaures Wasser, auch unter dem Begriff Siphon bekannt, ist Trinkwasser, dem Kohlendioxid zugegeben wurde. Der Gehalt an Kohlendioxid muss mindesten 4 g/l betragen. Kohlensaures Wasser wird vorwiegend zum Verdünnen von Spirituosen und Aperitifs verwendet.

Die Sachbezeichnung muss jede mögliche Verwechslung mit Mineralwasser ausschliessen.

9.1 SÜSSGETRÄNKE

Tafelgetränke mit Fruchtsaft

Ein Tafelgetränk mit Fruchtsaft ist ein Getränk aus Fruchtsaft, konzentriertem Fruchtsaft oder Fruchtsirup, das mit Trinkwasser oder natürlichem Mineralwasser verdünnt wurde und dem eventuell Zuckerarten zugegeben wurden. Wird anstelle von Trinkwasser ein natürliches Mineralwasser verwendet, darf dessen Ursprung in der Sachbezeichnung erwähnt werden. Der Fruchtsaftanteil muss mindestens 10 Massenprozente betragen.

Ausnahme: Tafelgetränke mit Saft von Zitrusfrüchten müssen nur mindestens 6 Massenprozente Fruchtsaft enthalten.
Beispiele: Orangina, Pepita

Tafelgetränke mit Milch, Molke oder Milchserum

Tafelgetränke mit Milch, Molke oder Milchserum werden hergestellt aus: gezuckertem Trink- oder Mineralwasser mit mindestens 10 Massenprozenten Milch aller Fettstufen, 20 Massenprozenten an Molke oder 25 Massenprozenten an Milchserum. Wird Mineralwasser verwendet, darf dessen Ursprung in der Sachbezeichnung erwähnt werden.

Beispiel: Rivella

Limonade mit Fruchtsaft

Limonade mit Fruchtsaft ist ein Erfrischungsgetränk, das aus gezuckertem, kohlensäurehaltigem Trinkwasser mit einem Fruchtsaftanteil von 4–10 Massenprozenten hergestellt wurde. Der Fruchtsaftanteil ist in Massenprozenten in der Nähe der Sachbezeichnung anzugeben.

Beispiel: Sinalco

Wird anstelle von Trinkwasser Mineralwasser verwendet, darf das Getränk **Tafelwasser mit Fruchtsaft**, unter Erwähnung des Ursprungs, bezeichnet werden.

Beispiele: Valser Viva, Aproz Orange

Limonade mit Aroma

Ein Getränk wird Limonade mit Aroma genannt, wenn es weniger als 4 Massenprozente Fruchtsaft, 250 mg Coffein pro Liter oder 80 mg Chinin pro Liter enthält.

Beispiel: Coca-Cola

Wird anstelle von Trinkwasser ein Mineralwasser verwendet, darf das Getränk als **Tafelwasser mit Aroma**, unter Erwähnung des Ursprungs, bezeichnet werden.

Beispiel: Elmer Citro

10 TEE

DIE ANBAULÄNDER / REGIONEN

Tee wird zwar weltweit angebaut, aber nur in einigen Ländern wird wirklich hochwertiger Tee produziert, und dies auch nur in speziellen Regionen, die sich für den Teeanbau besonders eignen.

Beispiele:

- Im Distrikt Darjeeling im Nordosten Indiens an der Grenze zu Nepal wachsen am Fuss des Himalajas die edelsten und berühmtesten Schwarztees. Die Vielfalt dieser Teeregion lässt sich vor allem aufgrund der Jahreszeiten und Hauptpflückperioden unterscheiden:
    - First Flush (erster Austrieb): März bis April
    - Second Flush (zweiter Austrieb): Juni bis August
    - Herbstpflückung (Monsunzeit): Oktober bis November
- Im indischen Bundesstaat Assam liegt eines der grössten Teeanbaugebiete der Welt mit über 2'000 Teegärten auf einer Hochebene 200 km östlich von Darjeeling. Von April bis September ergiessen sich sintflutartige Monsunregen über dieses ohnehin schon feuchte und unwirtliche Gebiet.
- Ceylon, das heutige Sri Lanka, zeichnet sich durch seine sanften Winde und seine leichte und klare Luft aus. Auf seinen gleichmässigen Hügelketten findet man eher kleinere Teeplantagen, die je nach Lage dem Einfluss des Monsuns unterliegen.
- China ist ein Garant für Vielfalt und Qualität von hochwertigen Tees. Einige der bekanntesten Teesorten sind: Pi Lo Chun, Lung Ching. Die teuersten weissen Tees stammen aus der Provinz Fujian. Auf der Insel Taiwan wird die bei uns als Oolong bekannte Spezialität produziert.
- Japan erzeugt ausschliesslich Grüntee (O-Cha), und zwar in der grössten Anbaugegend Shizuoka und in den Gegenden um den Berg Fuji auf der Insel Kyushu.

DIE VERARBEITUNG VON TEE

Die Verarbeitung von Tee wird in vier Vorgänge unterteilt:

1. **Welken**: Die Blätter und Blattknospen verlieren an Feuchtigkeit und werden daher weich und geschmeidig.
2. **Rollen**: Die Zellwände der noch grünen Blätter werden zerquetscht. Der Zellsaft und die ätherischen Öle können austreten.
3. **Fermentieren**: Durch die chemische Reaktion mit dem Sauerstoff und dem Zellsaft verändert sich das grüne Blatt und wird braun.
4. **Trocknen**: Zum Schluss wird die restliche Feuchtigkeit entzogen und die Blätter nach Grösse und Zustand sortiert.

Bekannte Sortierungsgrade sind:
- **OP**: in Längsrichtung gerollte Blätter mit einer Grösse von 8–15 mm.
- **FOP**: auch in Längsrichtung gerollte, aber kleinere Blätter mit einer Grösse von 5–8 mm.
- **GFOP**: ein FOP, bei dem einige Blätter eine goldbraune Blattspitze haben.
- **TGFOP**: Nahezu alle Blätter weisen eine goldbraune Blattspitze auf.
- **SFTGFOP**: Tee mit dem höchsten Anteil an Blattknospen, den sogenannten «Tips».

(S = Special, F = Fine, T = Tips, G = Golden, F = Flowery, O = Orange, P = Pekoe)

Oft wird den Sortierungsgraden noch die Zahl 1 angefügt. Die 1 soll die erste Pflückung angeben. Die mit oder ohne Absicht gebrochenen Blätter ergeben den Broken Orange Pekoe. Ganz fein gebrochene Tees ergeben die Fannings und den Dust.

TEESORTEN

Tee kann man in sechs verschiedene Sorten unterteilen.

Weisser Tee

Weisser Tee ist etwas ganz Besonderes und gehört zu den edelsten und feinsten Tees, die ursprünglich in der Provinz Fujian in China produziert wurden. Er wird nur gewelkt und getrocknet, ansonsten aber in seinem natürlichen Zustand belassen. Der Name Weisser Tee kommt von den silbernen Härchen auf der Unterseite der jungen Blätter und Blattknospen. Man unterscheidet zwei Hauptarten von weissen Tees: Pointe Blanche (Yin Zhen) und Pai Mu Tan.

Grüntee

Grüntee ist ein nicht fermentierter Tee. Die Oxidation (Fermentation) wird durch ein spezielles Verfahren verhindert. Man unterscheidet grundsätzlich zwischen der chinesischen und der japanischen Methode. Bei der chinesischen Methode werden die Blätter in Kupferkesseln über dem Feuer getrocknet. Bei der japanischen Methode werden die frischen Blätter durch Dampf erhitzt und anschliessend getrocknet, dabei entsteht der klassische Sencha.

Teilfermentierter Tee

Die Blätter unterliegen nur kurz dem Fermentationsprozess. Der Ti Kuan Yin Imperial wird z. B. nur anfermentiert (ca. 30 %), wohingegen ein Fancy Oolong bis zu 70 % fermentiert wird. Der klassische Oolong steht für einen halbfermentierten Tee und heisst auf Deutsch «Schwarzer Drachen». Diese Teesorte vereint den süsslichen Geschmack von Grüntee mit der Kraft und Würze von Schwarztee.

Schwarztee

Schwarztees sind komplett fermentierte Tees. Bekannte Sorten sind:
- Darjeeling, der feine, leichte Tee aus Indien
- Ceylontee aus Sri Lanka und der Assam aus Indien mit ihren kräftigen, vollen Aromen
- Lapsang Souchong aus China, der kräftige, rauchige

Aromatisierte Tees

Zur Herstellung von aromatisierten Tees fügt man Grün- oder Schwarztees einen Duft hinzu, ohne deren Eigengeschmack zu überdecken. In China findet man als beliebte Veredelung den Jasmintee und in England den mit Bergamott-Öl veredelten Earl Grey.

Gepresster Tee

Pu Erh ist die allgemeine Bezeichnung für gepresste Formen von Tee wie Teezöpfe, Teeziegel oder Tuocha (Vogelnest). Der Pu Erh ist aber auch in nicht gepresster Form, also als Blatttee erhältlich.

LAGERUNG VON TEE

Alle Arten von Tees (auch Teebeutel) müssen unbedingt luftdicht und vor Licht geschützt aufbewahrt werden, um eine weitere Fermentation des Tees zu verhindern. Damit sich kein Schimmel bildet, muss Tee auch vor Feuchtigkeit geschützt werden.

ZUBEREITUNG VON TEE

Im Gastgewerbe hat sich aus rationellen Gründen der Teebeutel durchgesetzt. Aufgrund zunehmender Beliebtheit von Teegetränken trifft man vermehrt aber auch den frischen Blatttee an. Man rechnet pro Tasse einen Beutel, das entspricht ca. 2 g Tee (1 gestrichener Teelöffel). Für eine Portion Tee, serviert in der Teekanne, werden 4–5 g oder 2 Beutel verwendet. Als ideale Brühtemperatur gilt der Siedepunkt von Wasser. Dieses soll nur kurz aufgekocht und sprudelnd über den Tee gegossen werden. Damit Tee sein volles Aroma entfalten kann, muss das Kraut aufquellen können, was z. B. bei einem Tee-Ei nicht möglich ist.

Auch der Teebeutel sollte überbrüht werden, da sonst die Wassertemperatur schon zu stark gesunken ist und das Aroma des Tees sich nicht mehr optimal entfalten kann. Doch leider werden heute die Teebeutel vieler Sorten aus hygienischen Gründen einzeln verpackt und sollten vor der Konsumation nicht ausgepackt werden. Auch sollte der Gast entscheiden können, ob er den Tee kürzer oder länger ziehen lassen will. Dies ist nur möglich, wenn er selbst den Teebeutel in das Teewasser gibt.

Bei Grüntee stellt sich dieses Problem weniger, denn hier verwendet man kein kochendes Wasser, da sonst der Vitamin- und Mineralstoffgehalt vermindert wird.

Das beste Tee-Aroma entfaltet sich 2–5 min nach dem Aufgiessen. Das in den ersten 2–3 min herausgelöste Teein (Koffein) wirkt anregend. Das Tannin (Gerbstoffe), das nach 3–5 min herausgelöst wird, verleiht dem Tee eine beruhigende Wirkung. Ein zu bitterer Tee kann durch zu viel Teekraut oder durch eine zu lange Ziehdauer verursacht werden. In China wird bei der Zubereitung von Grüntee oft der erste Aufguss weggeleert und nur der zweite, weniger bittere Aufguss getrunken.

TEEAUSSCHANKARTEN

Tee wird grundsätzlich in einer dünnwandigen Porzellantasse serviert. Bei einem Tee-Einsatz oder Teebeutel wird zusätzlich ein Teller eingedeckt, um das gequollene Teekraut nach der gewünschten Ziehdauer herauszunehmen.

Tee natur

Eine Tasse mit Tee wird auf einem Unterteller mit Teelöffel und Zucker serviert.

Tee crème (Tee mit Sahne)

Service wie beim Tee natur. Zusätzlich wird kalte Milch serviert. Vielfach wird anstatt kalter Milch Kaffeerahm/Kaffeesahne gereicht. Das ist laut Lebensmittelverordnung zwar gestattet, der hohe Fettgehalt kann aber den feinen Geschmack des Tees zerstören.

Tee citron

Der Service ist der gleiche wie bei Tee natur. Zusätzlich wird ein Zitronenschnitz in einer Schnitzpresse serviert.

Portion Tee

In einer Teekanne werden offener Tee oder zwei Teebeutel aufgebrüht. Falls die Teekanne kein Sieb aufweist, muss bei Blatttee ein Teesieb mitserviert werden. Entgegen der herkömmlichen Meinung serviert man keine separate Kanne mit heissem Wasser, um den Tee zu verdünnen, da man die Bitterstoffe dadurch nicht vermindert. Zum Trinken reicht man eine dünnwandige Teetasse auf einem Unterteller, einen Teelöffel und Zucker. Eine Portion Tee kann auch als Tee crème oder Tee citron serviert werden.

Eistee

In Gastronomiebetrieben wird der beliebte Eistee oft aus Eisteepulver hergestellt, das in Wasser aufgelöst wird. Der Eistee wird mit Eis und einer Zitronenscheibe in einem Tumbler oder Fancyglas auf einem Unterteller mit Trinkhalm serviert. Um einen frischen Eistee zuzubereiten, wird ein Schwarzteebeutel mit heissem Wasser bis zum ersten Drittel des Glases aufgebrüht, der Tee sollte dabei ein kräftiger Aufguss sein, Teebeutel entfernen, mit Eiswürfeln auffüllen, mit Zitrone, Zuckersirup und Trinkhalm servieren.

KRÄUTERTEEAUFGUSS

Im Gegensatz zu Tee können Kräuteraufgüsse heimischen Ursprungs sein. Dazu werden Kräuter, Blüten, Früchte oder Wurzeln verschiedenster Pflanzen getrocknet und verarbeitet. Eine spezielle Gruppe von Kräutertees bilden die Medizinaltees, die im Gastgewerbe nicht ausgeschenkt werden dürfen. Im Handel werden meistens Kräutertees angeboten, die auch in vielen Haushalten zu finden sind:

Pfefferminze – menthe – peppermint

Getrocknete Blätter, Beutel mit etwa 2 g.
Anwendung: Bei Übelkeit und Brechreiz ist Pfefferminztee wegen seiner leicht betäubenden Wirkung auf die Magenschleimhaut hilfreich.
Inhaltsstoffe: ätherisches Öl (u. a. Menthol), Gerbstoffe, Bitterstoffe, Enzyme.

Kamille – camomille – camomile

Getrocknete Blüten, Beutel mit nur etwa 1 g, denn zu viele Kamillenblüten lösen Brechreiz aus.
Anwendung: Das ätherische Öl der Kamille besitzt eine entzündungshemmende, wundheilungsfördernde und krampflösende Wirkung und hat zusätzlich bakterien- (bakterizide) und pilztötende (fungizide) Eigenschaften.
Inhaltsstoffe: ätherisches Öl, Azulen, Bitterstoffe, Flavone, Cumarin.

Lindenblüten – tilleul – linden blossom

Getrocknete Blüten, Beutel mit etwa 2 g.
Anwendung: Die Blüten der Linde sind ein wichtiges Mittel bei Grippe und Fieber. Lindenblütentee wirkt schweisstreibend und krampflösend.
Inhaltsstoffe: ätherisches Öl, Farnesol, Saponine.

Hagebutten – cynorhodon – rose hip

Getrocknete Fruchtstände, Beutel mit etwa 4–5 g.
Anwendung: Durch ihren enormen Vitamin-C-Gehalt wirkt Hagebutte gegen Erkältungen und Frühjahrsmüdigkeit. Sie regt die Abwehrkräfte an und ist leicht harntreibend.
Inhaltsstoffe: Vitamin C, Flavone, Fruchtsäuren, Vitamin-B-Komplex.
Normalerweise müssten Hagebutten während etwa 5 min aufgekocht werden. Die im Handel erhältlichen Hagebuttenaufgussbeutel sind meist mit Karakade (getrocknete Blüten aus Indien) angereichert, die genügend Farbstoffe abgeben, sodass sich ein Aufkochen erübrigt.

Eisenkraut – Verveine

Getrocknete Blätter, Beutel mit 3–4 g.
Anwendung: Verveine ist krampflindernd und wirkt gegen Übelkeit, hilft bei Magen- oder Bauchschmerzen und wird auch zum Gurgeln der Mundhöhle und des Rachens eingesetzt.
Inhaltsstoffe: Ätherische Öle, Glykoside, Verbenalin (ein Alkaloid), Aucubin, Bitterstoffe, Alpha-Sitosterol, Gerbstoffe, Gerbsäure, Kieselsäure.

Zubereitet werden Kräuteraufgüsse im Gastgewerbe nahezu immer als Beuteltee und wie Schwarztee überbrüht. Sie werden in einem Teeglas oder besser noch in einer Tasse mit siedend heissem Wasser übergossen. Serviert werden sie auf einem Unterteller mit Kaffeelöffel und Zucker. Man kann sie auf Wunsch auch als Portion, dann jedoch immer mit einer Teetasse, servieren.

TEE- UND AUFGUSSSPEZIALITÄTEN

Teespezialitäten sind aufgrund ihrer Art oder Zusammensetzung als spezielle Aufgüsse zu bezeichnen. Die verschiedenen Aromen und Veredelung machen sie zu aussergewöhnlichen Genussgetränken. Die Vielzahl an Spezialitäten ist auf der ganzen Welt in den letzten Jahren gestiegen. Einige der wichtigsten Spezialitäten sollen hier erwähnt werden:

Aufguss

Rooibush
Rooibush (Aspalathus linearis) ist ein Strauch, der in Südafrika beheimatet ist. Durch Fermentation erhält der Tee seine rotbraune Färbung. Er zeichnet sich durch seine koffeinfreie, gerbsäurearme Zusammensetzung und seinen hohen Anteil an Vitamin C aus. Er ist auch in Veredelung mit Vanille, Zimt, Honig oder Früchten erhältlich.

Honeybush
Der Honeybush ist dem Rooibush sehr ähnlich. Auch er ist eine in Südafrika wild wachsende Pflanze. Der Strauch wächst bis zu 60 cm hoch. Die Blätter seiner langen, dünnstieligen Zweige sind gelbgrün und die Blüten kräftig gelb.

Der Name Honeybush kommt daher, dass seine Blüten gerne von Bienen besucht werden und sein süsslicher Geschmack an Honig erinnert. Honeybush enthält kein Koffein und ist sehr bekömmlich. Die Ureinwohner schätzen den Honeybusch wegen seiner Heilwirkung bei verschiedenen Altersbeschwerden und Atemwegserkrankungen.

Tee

Gelber Tee
Gelber Tee ist eine noch recht unbekannte Teeart. Er ist eine der teuersten auf dem Weltmarkt erhältlichen Teespezialitäten. Die Sortenvielfalt des gelben Tees ist nicht gross und auch die verfügbaren Mengen sind begrenzt. Wie beim weissen Tee werden nur die obersten Triebe des Teestrauchs verwendet. Auch die Herstellung verläuft ähnlich, wobei der gelbe Tee nach dem Erhitzen nicht gleich weiterverarbeitet wird, sondern eine Ruhephase durchläuft. Dadurch entwickelt er seine typische Eigenschaft: die gelben Teeblätter.

Teeblumen/Teerosen
Um Teeblumen herzustellen, werden die jungen Blattspitzen von chinesischem weissen Tee kunstvoll zusammengebunden. In heissem Wasser öffnen sich diese kleinen Gebilde und die darin verborgenen Blüten, wie Jasmin- oder Amaranthblüten, schweben langsam nach oben. Qualitativ hochwertige Teeblumen können mehrmals aufgegossen werden. Die Zubereitung dieser Teespezialität ist ein besonderes Erlebnis.

11 KAFFEE

ANBAUGEBIETE

Der Kaffeebaum ist ein Tropengewächs, das in ungefähr 50 Ländern gedeiht. Die Anbaugebiete erstrecken sich bis zum 24. Breitengrad nördlich und südlich um den Äquator. Kaffee wird in Höhen bis zu 2'000 m ü. M. angebaut. Die wichtigsten Produktionsländer liegen in Mittel- und Südamerika, Afrika und Asien.

DER KAFFEEBAUM, DIE KAFFEEBOHNEN

Ein Kaffeebaum wächst normalerweise bis zu 15 m hoch. Um die Samen bei der Ernte gut erreichen zu können, wird er bis auf 3 m zurückgeschnitten. Es gibt über 80 verschiedene Arten von Kaffeebäumen. Davon haben zwei eine besonders grosse Bedeutung: Arabica und Robusta.

Arabica

Coffea arabica, bekannt als Arabica, enthält zwischen 1,1 und 1,7 % Koffein. Arabica ist weich, mild, aromatisch, süss, abgerundet und körperreich mit nur leicht säuerlichem Geschmack. Die besten Kaffeemischungen der Welt enthalten praktisch nur Arabica. Diese Kaffeeart wird auch «Hochlandkaffee» genannt, weil sie nur zwischen 900 und 2'000 m ü. M. gedeiht. Sie verträgt weder grosse Hitze noch Frost. Sie ist empfindlicher als die Kaffeeart Robusta und braucht deswegen eine intensivere Pflege. Eine Arabica-Pflanze trägt erst nach vier Jahren Früchte. Sie wird bis zu 8 m hoch, wobei sie in den Plantagen auf 2–3 m zurückgestutzt wird, und kann älter als 80 Jahre werden.

Robusta

Coffea canephora, bekannt als Robusta, ist, wie der Name schon sagt, robust: Sie ist zwar wie die Arabica kälteempfindlich, verträgt Hitze aber viel besser. Daher kann sie im Flachland kostengünstiger angepflanzt werden und kommt somit im Vergleich zur Arabica zu bedeutend tieferen Preisen auf den Markt. Robusta hat einen merklich höheren Koffeingehalt von 2–4,5 %. Robusta ist kantiger, weniger aromatisch, merklich bitterer und hat viel mehr Säure. Sie ist sehr körperreich, macht viel Schaum und kann durchaus weich und süss sein, weist aber nur sehr selten ein elegantes Aroma auf. Im Unterschied zur Arabica-Bohne, die flacher, länglich und einen geschwungenen Einschnitt hat, ist die Robusta runder und hat einen geraden Einschnitt.

HERSTELLUNGSVERFAHREN

Die Kaffeeherstellung wird in folgende Schritte unterteilt:
- Ernte der Kaffeekirschen
- Trocknung und Aufbereitung
- Mischung der Kaffeesorten
- Rösten
- Lagern

KAFFEEAUSSCHANK

Um eine gute und gleichbleibende Qualität zu erreichen, müssen die folgenden Regeln bei der Kaffeezubereitung eingehalten werden:
- Stets frisch gerösteten Kaffee in hoher Qualität verwenden (100 % Arabica)
- Korrekten Feinheitsgrad bei der Mahlung einstellen
- Kaffeepulver richtig dosieren (ca. 7 g Kaffeepulver)

- Wasserqualität und Wasserhärte beachten (ideal sind 7–12 franz. Härtegrade)
- Korrekte Wassermenge verwenden
- Mit einem Druck von 9 bar (dynamisch) arbeiten
- Eine Extraktionszeit 25–30 Sek. (wird durch den Mahlgrad definiert) einhalten
- Richtige Brühtemperatur beachten (90 °C)
- Immer vorgewärmte Tassen verwenden
- Auf strikte Sauberkeit achten, Kaffeemaschine täglich reinigen
- Nicht zu viele Bohnen im Voraus mahlen (Aroma verflüchtigt sich)
- Sich von Fachkräften aus Röstereien oder von Kaffeemaschinenherstellern beraten lassen

KAFFEEMASCHINEN

Kaffee-Halbautomaten

Diese erleben zurzeit eine Renaissance, nachdem bis vor Kurzem eher die Vollautomaten weite Verbreitung fanden. Sie werden Halbautomaten genannt, weil hier nicht alles automatisch abläuft. Man muss nämlich den Kaffee in einer separaten Mühle selbst mahlen und den gemahlenen Kaffee mittels eines Kolbens von Hand in die Maschine einspannen.

Kaffee liegt immer mehr im Trend und mit einem guten Kaffee und der richtigen Zubereitung kann man sich von der Konkurrenz abheben. Daher legt man verbreitet wieder Wert auf das «Vorzeigen» der Zubereitung, was beim Halbautomaten ja möglich ist. Die meisten Anbieter von Kaffeemaschinen haben daher wieder einen Halbautomaten im Sortiment.

Kaffee-Vollautomaten

Bei einem Vollautomaten erfolgt der ganze Vorgang der Zubereitung mittels eines einzigen Tastendrucks. Die verschiedenen Tasten werden vom Monteur so programmiert, dass alle Kaffeearten zubereitet werden können. Der Faktor «Mensch» als Fehlerquelle wird bei der Zubereitung somit ausgeschlossen.

Macchina a leva

Darunter versteht man traditionelle Kaffeemaschinen, wie sie in Süditalien, vor allem in Neapel, verbreitet sind. Hier wird die Kaffeezubereitung noch richtig zelebriert. Der Druck muss zuerst mit einem Kolben von Hand aufgebaut werden, damit der Kaffee zubereitet werden kann. Diese Kaffeemaschinen haben keine Pumpe und könnten sogar ohne elektrische Energie betrieben werden (der Boiler würde dann mittels Gas geheizt werden).

Welche Kaffeemaschine sich für welchen Betrieb am besten eignet, muss jeder Gastronom aufgrund seiner Ansprüche selbst entscheiden.

Halbautomat

Vollautomat

KOFFEINFREIER KAFFEE

Bei der Herstellung von koffeinfreiem Kaffee werden die noch ungerösteten Bohnen mit Wasserdampf aufgequellt. Das Koffein wird mit modernen, völlig unschädlichen Verfahren mit Wasser und zum Teil mit Lösungsmitteln entzogen.

DIE WICHTIGSTEN SERVICEARTEN VON KAFFEE

- **Ristretto**: kurzer Espresso
- **Espresso**: kurzer Kaffee, meist stärkere Röstung und feiner gemahlen
- **Schale**: alte Bezeichnung für Milchkaffee/ Kaffee mit heisser Milch
- **Cappuccino**: Espresso mit Milchschaum und Schokoladenpulver
- **Latte Macchiato**: der gefleckte Kaffee – dreischichtig aufgebauter Kaffee mit Milch (heisse oder kalte, Espresso und Milchschaum), meist im Glas serviert
- **Kaffee Mélange**: Kaffee mit Schlagrahm/-sahne (meist à part serviert)
- **Coretto**: Ristretto mit einem Schuss Grappa (in der Schweiz oft Espresso)
- **Irish Coffee**: Irish Whiskey mit Rohrzucker, heissem Kaffee und angeschlagener Sahne
- **Kaffee fertig**: Obstbrandwein mit Zucker und Kaffee aufgefüllt
- **Kaffee Luz**: Luzerner Kaffee, Obstbrandwein mit Zucker, wenig Kaffee und auffüllen mit heissem Wasser

12 ZIGARREN

Zigarre, spanisch Cigarro, ist vermutlich abgeleitet von dem Wort zicar, das aus der Sprache der Maya stammt und nichts anderes bedeutet als Tabak und/oder Rauchen. Botanisch gehört Tabak nicotiana zu den Nachtschattengewächsen, wie die Tomate und die Kartoffel. Wie diese stammt auch Tabak ursprünglich aus Amerika. Die Benennung des Inhaltsstoffes Nikotin sowie der Name Nicotiana stammen vom französischen Arzt und Gesandten in Portugal, Jean Nicot, der Tabak ursprünglich als Heilpflanze in Frankreich einführte.

Im Unterschied zum Tabak für Zigaretten, der für die Weiterverarbeitung lediglich getrocknet wird, werden die Tabake für Zigarren nach der Ernte getrocknet, fermentiert und gelagert. Die Fermentierung (lat. fermentum = Gärung) ist ein biologischer Zersetzungsprozess durch Bakterien, Pilze und Enzyme unter kontrollierten und begrenzten Bedingungen; die Fermentationszeit dauert zwischen drei und acht Monaten. Entscheidend ist auch die Lagerung – während mildere Tabake mindestens ein Jahr benötigen, brauchen stärkere Tabake bis zu fünf Jahren Reifezeit. Erst durch diese Prozedur kann der Tabak seine spezifischen Aromen entwickeln.

AUFBAU

Zigarren sind zusammengesetzt aus einer Tabakeinlage (Filler), einem oder mehreren Umblättern und einem Deckblatt. Die Einlage wird in das Umblatt zur Puppe gewickelt, die bereits grob die Endform aufweist. Danach wird sie noch in speziellen Holzschablonen gänzlich in die endgültige Form gepresst. Zum Schluss wird die Puppe aus dem Pressapparat genommen und in das Umblatt gewickelt.

Shortfiller: Die Tabakeinlage besteht aus kurz geschnittenem Tabak.
Mediumfiller: Die Tabakeinlage besteht aus mittelgross geschnittenem oder gerissenem Tabak sowie einem halben Tabakblatt.
Longfiller: Die Tabakeinlage besteht aus ganzen Tabakblättern.

FORMATE

Zigarren werden grundsätzlich in drei Ordnungen unterteilt: Zylindrische respektive gerade Formen nennt man **Parejo**. Einseitig geformte Zigarren (Pyramide) werden als **Figurado** bezeichnet. Torpedoähnliche Zigarren, die an beiden Enden zusammenlaufen, werden **Doppel-Figurado** genannt. Die gängigste Form ist die Corona mit all ihren Abarten wie Petit Corona, Double Corona oder Corona Gorda. Sehr gängig sind auch die dünnere Panatela, die dickere Robusto oder die elegante Londsdale. Die berühmteste Grösse stellt ohne Frage das Format Churchill dar. Der ehemalige britische Premierminister Winston Churchill liess sich der Geschichte nach sein eigenes Format von Alfred Dunhill in Zusammenarbeit mit der kubanischen Zigarrenmanufactur Romeo y Julieta herstellen. Die korrekte Bezeichnung für das Format Churchill indes ist «Julieta No. 2» mit einer Länge von 178 mm und einem Durchmesser von 18.65. Der Durchmesser von Zigarren wird mit speziellen Ringmassen angegeben.

Parejo

Figurado

Doppel-Figurado

Culebras sind geflochtene und damit unförmig gekrümmte Zigarren. Die Art dieser Formate stammt aus der Zeit, als Arbeiter der Tabakfabriken einen Teil des Lohnes in Form von Zigarren erhielten. Um dem Verkauf auf dem Schwarzmarkt und Diebstahl in der Fabrik (Unverwechselbarkeit) vorzubeugen, wurden die Zigarren für die Tabakarbeiter zu Dreien zusammengeflochten.

Als «hecho a mano» werden von Hand gemachte Zigarren bezeichnet. Weil dabei zunehmend ein einfaches Hilfsgerät eingesetzt wird, wurde vor allem in Kuba der Begriff «totalemente a mano» eingeführt, um Zigarren zu kennzeichnen, die vollständig von Hand gefertigt werden.

100 % TABAK

Steht nicht 100 % drauf, ist nicht 100 % drin. Billige Zigarren werden meistens maschinell gefertigt. Ganze Tabakblätter sind aber nur begrenzt maschinell verarbeitbar. Deshalb wird aus gemahlenen Tabakresten eine Tabakfolie hergestellt, die als Um- und Deckblatt maschinell verarbeitbar ist. Diese Tabakfolie wird mit Bindemitteln produziert und besteht damit nicht aus 100 % Tabak.

HAUPTSÄCHLICHE HERKUNFT DES ZIGARRENTABAKS

Nordamerika (USA), Mittelamerika (Mexico, Honduras, Nicaragua), Südamerika (Brasilien, Ecuador, Peru), Karibik (Kuba, Dominikanische Republik), Asien (Indonesien, Philippinen) und Afrika (Kamerun).

DECKBLÄTTER

Bei der Produktion von Deckblättern wird unterschieden zwischen Shadegrown (im Schatten gewachsen = feinere/dünnere Deckblätter) und Sun

Grown (in der Sonne gewachsen = dickere/handfestere Deckblätter). Eines der wichtigsten Produktionsgebiete für Deckblätter war Connecticut USA. Einerseits durch die Klimaverschiebung, andererseits durch die feindliche Haltung in den USA gegenüber dem Tabak verliert das Gebiet zunehmend an Bedeutung. Deckblätter werden dafür immer mehr im südamerikanischen Hochland von Ecuador und Peru angebaut, wo teilweise lang andauernde Hochnebel, die sich an den Anden stauen, natürlichen Schatten bieten, wie er für Deckblätter benötigt wird.

FARBEN

Werden im Allgemeinen in fünf Tönen angegeben: clarissimo = grün; claro claro = blond; claro = gelbbraun; claro colorado = hellbraun; maduro colorado = rötlich bis Schokoladebraun; maduro = dunkelbraun bis braunschwarz/oscuro. In Kuba wird clarissimo und oscuro nicht verwendet.

LAGERUNG

Zigarren brauchen eine 68–75%ige Luftfeuchtigkeit, die natürlicherweise in den Produktionsländern mit ihrem tropischen und subtropischen Klima vorherrscht. Heute werden Zigarren in sogenannten Humidoren bei einer Luftfeuchtigkeit von zirka 70%, bei 18–20°C gelagert. Früher wurden die Zigarren in speziellen hermetisch verschlossenen Tontöpfen mit einem kleinen Feuchtigkeitsreservoir gelagert. Sind solche Zigarren einmal ausgetrocknet, wirkt sich das zerstörend auf die Aromenstruktur aus, zudem platzen die ausgetrockneten Zigarren mehr oder weniger auf. So ausgetrocknete Zigarren können nicht mehr wiederbefeuchtet werden.

Trockenwaren (in der Schweiz als Stumpen und in Europa oft als holländischer Typ bezeichnet) sind Zigarren, die nach dem Rollen sorgfältig getrocknet werden, damit sie in den Breitengraden Europas ohne spezielle Bedingungen gelagert werden können, ohne Schaden zu nehmen.

ZIGARRENSERVICE

Die vom Gast ausgewählte Zigarre soll stilvoll präsentiert und serviert werden. Dazu am besten ein Silbertablett mit einer Stoffserviette aufschlagen und darauf Zigarre, Streichhölzer und Zigarrenschneider drapieren.

Die Zigarre immer vor dem Gast mit der Schere anschneiden oder mit dem Rundschneider anbohren. Die Zigarre niemals am Mundstück anfassen.

Die Zigarre am seitlichen Rande der Flamme (Gasfeuerzeug oder langes Streichholz) drehen. Die Zigarre zwischendurch in der Luft «schwenken», um die Glut zu entfachen. Wegen der Geschmacksbeeinflussung niemals Benzinfeuerzeuge verwenden.

KÜCHE

1 DIE KLASSISCHE SPEISEFOLGE

Ende des 18. Jahrhunderts wurde die klassische Speisefolge an den Höfen der Könige und in den Klöstern geboren und zelebriert. Der Grundgedanke war, mehrere Gerichte menüartig zu einer Tafel zusammenzustellen. Daraus entstand die heutige klassische 13-gängige Speisefolge.

Aus zeitlichen, finanziellen und gesundheitlichen Aspekten wurden die 13 Gänge in der heutigen Gastronomie auf 1 bis 6 Gänge reduziert. Das hat zur Folge, dass einige Gänge der 13-gängigen Speisefolge in andere integriert wurden und dass heute der Höhepunkt eines Essens meist der Hauptgang ist.

Klassische Speisefolge

Kalte Vorspeise/Hors-d'oeuvre froid	Kalte Speisen unterschiedlicher Zusammenstellung, die den Appetit anregen sollen, z. B. Kaviar, Hummercocktail
Suppen/Potage	Sie sollte den Magen vorwärmen und leicht verdaulich sein, z. B. Consommé
Warme Vorspeise/Hors-d'oeuvre chaud	Würzig abgeschmeckte Gerichte in kleinen Portionen, z. B. Käsesoufflé, Quiche
Fischgerichte/Poisson	Warme Fisch-, Krustentier-, Schalentier- und Weichtiergerichte, z. B. Seezunge Colbert
Hauptplatten/Grosse pièce	Fleischstücke, die ganz zubereitet und in der Küche oder vor dem Gast geschnitten werden, z. B. Rehrücken, Roastbeef
Warme Zwischengerichte/Entrée chaude	Warme Fleischgerichte, die vor der Zubereitung roh portioniert (geschnitten) werden, z. B. Kalbsgeschnetzeltes, Kalbsschnitzel
Kalte Zwischengerichte/Entrée froid	Sind meist Mousses, Pasteten und Terrinen

Sorbet/Sorbet	Erfrischend wirkende gefrorene Speise, die geschmacklich eher neutral und nicht zu süss sein sollte, z. B. Zitronensorbet, Holunderblütensorbet
Braten mit Salat/ Rôti et salade	Im Ofen oder am Spiess gebratene Fleischgerichte, die mit einem Salat begleitet werden, z. B. Spanferkel, Lammkeule
Gemüsegerichte/ Légumes	Verschiedene Gemüse und Gemüsegerichte, z. B. Spargel, Artischocken
Süsspeisen/ Entremets	Alle warmen, kalten und gefrorenen Süsspeisen werden dazu gezählt, z. B. Schokoladen-Mousse, Eisbecher, Cremes
Würzbissen/Savouries	Pikant gewürzte warme Fingerfood-Gerichte, z. B. Frühlingsrollen, Blätterteigstangen, Schinkengipfel
Nachtisch/Dessert	Hierzu gehören hauptsächlich Käse und Früchte; klassisch werden aber auch die Torte, das Feingebäck und die Pralinen dazugezählt

2 DIE MODERNE UND AKTUELLE SPEISEFOLGE

Moderne Speisefolge	Mögliche Varianten aus der klassischen Speisefolge
Kalte Vorspeise	Kalte Vorspeise Kaltes Zwischengericht
Suppe	Suppe
Warme Vorspeise	Warme Vorspeise Fisch Warmes Zwischengericht Gemüse
Hauptgericht	Fisch Hauptplatte Kaltes Zwischengericht Warmes Zwischengericht Braten mit Salat Gemüse
Nachtisch	Sorbet Süssspeise Nachtisch

3 DIE GARMETHODEN

Backen im Ofen

Ist ein Garprozess im Ofen, Umluftofen oder Kombisteamer bei trockener Hitze, ohne Fettstoff und Flüssigkeit. Beispiele: Blätterteiggebäck, Kuchen, Soufflé.

Blanchieren

Ist ein Garprozess in Salzwasser oder im Steamer von feinem, zartem Grüngemüse wie Blattspinat oder jungen Erbsen oder ein Vorgaren für viele Produkte.

Braten

Ist ein trockener Garprozess im Ofen, Umluftofen oder im Kombisteamer für grössere Fleischstücke/Fische, die gleichmässiger allseitiger Hitze ausgesetzt sind und somit regelmässig von aussen nach innen garen. Hierzu wird regelmässig mit Fettstoff übergossen.

Dämpfen

Ist ein Garprozess mit Druck (Steamer, Dampfkochtopf) oder ohne Druck (Kasserolle, Kombisteamer). Das Kochgut liegt entweder auf einem Sieb wenige Zentimeter über dem kochenden Wasser oder wird unter Druck mit Dampf gleichmässig gegart. Diese Kochmethode ist schonend und verhindert ein Auslaugen der Produkte.

Dünsten

Ist ein Garprozess, bei welchem das Kochgut zuerst kurz in Fettstoff angedünstet wird und anschliessend mit wenig Flüssigkeit zugedeckt weich gegart wird.

Frittieren

Ist ein Garprozess, bei welchem das Kochgut in Öl/Fett schwimmend gegart wird.

Glasieren

Ist ein Garprozess, der fast mit dem Dünsten identisch ist. Am Schluss wird dem Kochgut etwas Zucker und Butter beigemischt und der so entstandene Fond zum Überglänzen des Kochgutes verwendet.

Gratinieren

Ist ein Garprozess (Tomaten) oder vor allem eine Fertigungsart, bei welcher das Kochgut bei sehr hoher Oberhitze überbacken wird.

Grillen

Ist ein Garprozess mit einem elektrischen, Gas- oder Holzkohlegrill auf einem stark erhitzten Rost. Heute werden dazu auch Grillpfannen verwendet.

Pochieren

Ist ein Garprozess bei rund 70 °C. Entweder wird im Fond, im Wasser oder im Wasserbad pochiert. Diese Garmethode gilt als sehr schonend.

Poelieren

Ist ein Garprozess im Ofen, bei welchem das Kochgut unter Zugabe von Fettstoff bei schwacher Hitze zugedeckt gart. Kurz vor Schluss wird der Deckel entfernt und das Gericht darf etwas Farbe nehmen.

Sautieren

Ist ein Garprozess meist in der Pfanne, in welchem das Kochgut im erhitzten Fettstoff unter ständiger Bewegung oder Wenden gegart wird.

Schmoren

Schmoren ist ein Garprozess im Ofen, Umluftofen oder Kombisteamer von Kochgut, das mit wenig Fremdflüssigkeit zugedeckt weich gegart wird.

Sieden

Sieden ist ein Garprozess, bei welchem das Kochgut im siedenden Wasser (ca. 95–100 °C) weich gegart wird.

Rösten

Rösten ist ein Garprozess, der in der Küche eher weniger angewendet wird (Zwiebeln, Pinienkerne usw.). Ohne Fremdflüssigkeit werden bei sehr hohen Temperaturen meist pflanzliche Lebensmittel (Kaffee, Nüsse, Kakaobohnen usw.) veredelt. Durch das Braunwerden entstehen andere Geschmacksnuancen.

4 KALTE GERICHTE

Kalte Gerichte werden meist in kleinen Portionen als Vorspeisen (Hors-d'heuvre) oder im Sommer als Hauptspeise serviert. Unterteilt werden diese oft in:
- Kalte Suppen (inkl. Kaltschalen)
- Salate
- Belegte Brötchen
- Kalte Fisch- und Krustentiergerichte
- Kalte Fleischgerichte
- Pasteten und Terrinen

4.1 KALTE SUPPEN

Als kalte Suppen werden heute meist Früchtekaltschalen, kalte Gemüsesuppen und kalte klare Kraftbrühen angeboten. Die häufigsten Vertreter daraus sind:
- **Melonenkaltschale**: Die Basis sind pürierte Melonen, die mit etwas Zuckerwasser und Wein/Champagner und frischen Kräutern parfümiert werden. Hierzu eignet sich fast jede Frucht.
- **Gazpacho**: kalte Tomaten-/Gurkensuppe mit Knoblauch, Zwiebeln und Brotwürfeln.
- **Vichysoise**: kalte Kartoffel-Lauchsuppe.
- **Kalte Tomatensuppe**: klar oder gebunden und mit Sahne verfeinert. Hierzu eignet sich fast jedes Gemüse.
- **Kalte Kraftbrühe** (Consommé): mit oder ohne diverse Einlagen oder auch mit diversen Essenzen oder Alkohol parfümiert.

4.2 SALATE

Bei den Salaten herrscht heute eine riesengrosse Auswahl. Klassisch werden heute immer noch drei Arten von Salaten unterschieden:

- **Einfache Salate**: eine Salatsorte/Gemüsesorte in Verbindung mit einer passenden Sauce.
- **Gemischte Salate**: Verschiedene Salatsorten werden vermischt und angerichtet.
- **Zusammengestellte Salate**: Verschiedene Salate werden einzeln mit Sauce vermengt und bukettweise auf Teller oder Platten angerichtet.

Zudem sind heute oft Blattsalatkombinationen als Vorspeise anzutreffen. Hier handelt es sich um diverse Blattsalate, die oft mit lauwarmen Komponenten wie Pilzen, Geflügel usw. kreativ aufgewertet werden.

Auch werden Fleisch, Fisch, Käse, Eier usw. immer wieder zu Salat verarbeitet. Die wichtigsten Salate im Detail:

Salatvariationen

- **Caesars Salat**: Lattich in feine Streifen geschnitten an einer würzigen Knoblauchsauce mit Brotwürfeln, Parmesanspänen und einem Hauch von Sardellen.
- **Caprese**: Tomaten mit Mozzarella, Basilikum, Olivenöl und evtl. Balsamico-Essig.
- **Griechischer Salat**: Gurken, Tomaten, Zwiebeln, Paprika und Feta (Schafskäse) werden in Würfel geschnitten und mit Olivenöl und Gewürzen angemacht. Als Garnitur kommen schwarze Oliven hinzu.
- **Nizza Salat**: grüne Bohnen, Tomatenviertel, gekochte geschnittene Kartoffeln, Zwiebeln, Oliven und Sardellenfilets mit Olivenöl und Essig mariniert. Teilweise mit Eiervierteln und Thunfisch vermischt.

- **Russischer Salat**: Karotten, Sellerie und Kartoffeln in Würfelchen geschnitten, feine grüne Bohnen in kleine Stücke und Erbsen dazugeben. Leichte Mayonnaise-Sauce.
- **Waldorf Salat**: Knollensellerie in feine Streifen geschnitten mit Mayonnaise und Joghurt angemacht und Ananas und Apfelstücke dazu. Baumnüsse als Garnitur.

Diverse Salate

- **Wurstsalat:** Basis ist hier die Cervelat mit Zwiebeln und Essiggurken, oft in Verbindung mit Käse anzutreffen.
- **Siedfleischsalat**: Siedfleisch in kleine Würfel/Streifen geschnitten mit Zwiebeln, Tomatenvierteln, Radieschen und Essiggurken.
- **Geflügelsalat**: Pouletstücke in Streifen geschnitten an einer Currysauce.
- **Eiersalat**: Eier geviertelt und mit einer leichten Mayonnaise angemacht.
- **Krabbensalat**: Krabbenfleisch mariniert mit Cognac und einer leichten Mayonnaise mit Ketchup angemacht.
- **Pasta-Salat**: gekochte Pasta mit Zwiebeln, Essiggurken, Tomaten und Kräutern vermischt. Essig und Öl.

4.3 BELEGTE BRÖTCHEN (CANAPÉS)

Kleine Brotschnitten aus weichem Brot geschnitten oder in verschiedenen Formen ausgestochen, meist getoastet, in Öl oder Butter gebacken und garniert.

Geeignete Zutaten
- Eier
- Thunfisch
- Tatar
- Schinken
- Salami
- Käse
- Spargel
- Rauchlachs usw.

4.4 KALTE FISCH- UND KRUSTENTIERGERICHTE

Kalte Fisch-, Krustentier- und Weichtiergerichte werden meist geräuchert, mariniert oder auch roh serviert.

Geräucherte Produkte

- Rauchlachs
- Aal
- Stör
- Forelle usw.

Marinierte/gekochte Produkte

- Graved Lachs (roher Lachs mit Senf, Salz, Zucker, Pfeffer und Kräuter mariniert)
- Kaviar (Roggen vom Stör gesalzen)
- Krevetten (gekocht und meist in Salzlake eingelegt) als Cocktail
- Thunfisch in Öl eingelegt als Salat
- Sardinen in Öl eingelegt als Toast
- Heringe in Salzlake eingelegt
- Hummer als Hälfte oder in Medaillons
- Languste als Hälfte oder in Medaillons

Rohe Produkte

- Austern (hochwertige Muscheln à la minute geöffnet und mit Zitrone serviert)
- Sashimi – rohe Fische, oft Thunfisch und Weichtiere, meist dünn aufgeschnitten (japanische Spezialität)

4.5 KALTE FLEISCHGERICHTE, PASTETEN UND TERRINEN

Hierzu gehören rohes, getrocknetes, geräuchertes und auch gekochtes Fleisch, Geflügel und Wildgerichte.

Rohe Produkte

- **Carpaccio**: rohes, hauchdünn aufgeschnittenes Rindsfilet, heute meist mit Salz, Pfeffer, Olivenöl und Zitronensaft mariniert und mit Parmesanspänen und Ruccola-Salat garniert.
- **Tatar**: rohes, feingeschnittenes hochwertiges Rindfleisch, welches in einer Sauce aus Eigelb, gehackten Zwiebeln, Essiggurken, Kapern und Sardellen mariniert wird und mit Salz, Pfeffer, Worchestershire, Tabascosauce und Cognac abgeschmeckt wird.

Getrocknete Produkte

- Bündnerfleisch, hauchdünn geschnittenes Rindfleisch
- Rohschinken
- Speck
- Salami
- Coppa
- Würste

Geräucherte Produkte

- Rauchfleisch
- Rauchschinken
- Rauchspeck

Gekochte (Pochierte) Produkte

- **Pasteten**: eine Füllung aus Fleisch, Wild oder Geflügel in einer Teighülle gebacken und mit Aspic (Sulze) nach dem Backen aufgefüllt.
- **Terrinen**: gleiche Zubereitung wie eine Pastete, nur anstelle eines Teiges wird Spickspeck verwendet und im Wasserbad im Ofen gegart.
- **Vitello Tonnato**: hauchdünn aufgeschnittenes, im Ofen gegartes Kalbfleisch an einer fein pürierten Thunfischsauce mit Mayonnaise, Kapern und Sardellen.
- **Gänsestopfleber (Foie gras)**: marinierte Leber in Terrinenform oder im Tuch pochiert.

5 SUPPEN

Die Suppen werden in folgende Arten unterteilt:

- Fleisch- und Kraftbrühen (Bouillon und Consommé)
- Cremesuppen
- Gemüsesuppen
- Püreesuppen
- Spezial- und Nationalsuppen

5.1 KLARE SUPPEN

Fleischbrühe (Bouillon de viande)

Zerhackte Rindsknochen, Kuhfleischabschnitte, Bouquet garni, Wasser.
Sieden, würzen, abfetten und passieren.

+

Klarifikation

Gehacktes Rindfleisch mit Eiweiss und Mirepoix, bestehend aus würfelig geschnittenen Zwiebeln, Karotten, Sellerie, Lauch, Knoblauch, Pfefferkörner, Lorbeer, Nelken, Thymian und Rosmarin.
Wird in die Fleischbrühe gegeben und zusammen aufgekocht. Würzen, abfetten und passieren.

=

Kraftbrühe (Consommé)

Bekannte Garnituren

- **Brunoise**: mit kleinen Gemüsewürfeln
- **Carmen**: mit Tomatenwürfeln und Reis
- **Célestine**: mit geschnittenen Pfannkuchenstreifen
- **Diablotins**: geröstete, mit Käsemasse bestrichene Brotscheiben, mit Cayenne-Pfeffer gewürzt
- **Julienne**: mit in feine Streifen geschnittenem Gemüse
- **Moelle**: mit Markscheiben
- **Royal**: mit in Würfel geschnittenem Eierstich
- **Sherry**: mit Sherry parfümiert

5.2 GEBUNDENE SUPPEN

Cremesuppen oder Veloutés

Sind cremige Suppen, verfeinert mit Sahne und Eigelb.

Gemüsecremesuppen	Crèmes de légumes
Blumenkohlcremesuppe	Crème Dubarry (de chou-fleur)
Brokkolicremesuppe	Crème de brocoli
Geflügelcremesuppe	Crème de volaille
Sauerampfercremesuppe	Crème d'oseille
Spargelcremesuppe	Crème d'asperges (Argenteuil)
Steinpilzcremesuppe	Crème de bolets/cèpes
Tomatencremesuppe	Crème de tomates

Getreidecremesuppen	Crèmes aux céréales
Hafercremesuppe	Crème d'avoine
Gerstencremesuppe	Crème d'orge

Bestehen aus gedünstetem, blättrig geschnittenem Gemüse in Bouillon. Eine Bindung wird durch Beigabe von Kartoffeln erzielt.

Gemüsesuppen	Potage aux légumes taillés	
Gemüsesuppe mit Lauch	Potage bonne femme	Mit Kartoffeln und Sahne
Gemüsesuppe mit Rosenkohl	Potage flamande	Lauch und Kartoffeln
Gemüsesuppe mit Petersilie	Potage cultivateur	geriebener Käse separat
Gemüsesuppe mit Speck	Potage paysanne	Petersilie und geriebener Käse separat

Püreesuppen	Purées de légumes	
Gemüsepüreesuppen (Purées de légumes)	Purée garbure	Gemüsepüreesuppe
	Purée Parmentier	Kartoffelpüreesuppe
	Purée Crécy	Karottenpüreesuppe
Hülsenfrüchte-Püreesuppe (Purées de légumineuses)	Purée Victoria	Gelberbsenpüreesuppe
	Purée St. Germain	Grünerbsenpüreesuppe
	Purée Conti	Linsenpüreesuppe

Bestehen aus gedünstetem Gemüse in Bouillon gekocht und dann passiert.

5.3 SPEZIALSUPPEN – POTAGES SPÉCIAUX

Spezialsuppen sind Suppen, die mit speziellen Zutaten zubereitet werden. Durch die oft auch exotischen Zutaten haben Spezialsuppen einen ausgeprägten, nicht alltäglichen Geschmack. Sie eignen sich deshalb vor allem für mehrgängige Menüs, für kleine spezielle Anlässe oder als À-la-carte-Suppen. Kleine Mengen unterstreichen die Exklusivität dieser Suppen. So sollte innerhalb eines Menüs, je nach Geschmacksintensität, nicht mehr als 1–1,5 dl (Kaffee- oder Espressotasse) pro Person serviert werden.

Mit Limone	**Au citron**	
Limonensuppe	Crème au citron vert	Geflügelcremesuppe mit Limonensaft parfümiert

Mit Wein	**Au vin**	
Auvernier-Weinschaumsuppe	Soupe au vin d'Auvernier	Kalbscremesuppe mit Wein aus Auvernier/NE und entkernten Trauben

Mit Hummer	**Avec du homard**	
Hummercremesuppe	Crème de homard	

5.4 NATIONALSUPPEN

Bekannte Nationalsuppen sind:

Schweiz
- **Bündner Suppe**: Gerstensuppe mit Gemüsewürfeln und Bündnerfleisch.
- **Basler Mehlsuppe**: braune gebundene Mehlsuppe mit vielen Zwiebeln, Rotwein und Reibkäse.

Frankreich
- **Bouillabaise**: Fischsuppe mit Fisch, Muscheln, Languste, Gemüsestreifen und Tomatenwürfeln. Safran und Pernod zum Abschmecken. Separat Knoblauchbrot.
- **Soupe à l'ognion gratinée**: Fleischbrühe mit braun gebratenen Zwiebeln. Mit Brotscheiben, die mit Reibkäse überbacken wurden, belegen.

Italien
- **Minestrone**: tomatierte Gemüsesuppe mit Borlotti-Bohnen und Nudeln. Mit Pesto abschmecken.
- **Busecca**: Kalbskuttelsuppe mit Gemüse und Tomatenmark. Separat Reibkäse.
- **Zuppa Pavese**: Kraftbrühe mit einem Ei und geröstetem Brot, mit Käse gratiniert.
- **Mille fanti**: Kraftbrühe mit einer Masse aus geschlagenem Ei, mit Parmesan und weichem Brot versetzt.

England
- **Oxtail clair**: klare Fleischbrühe aus Ochsenschwanz. Mit einer Klarifikation klären und mit Sherry parfümieren. Das gekochte, ausgelöste und gepresste Ochsenschwanzfleisch in Würfel schneiden.
- **Oxtail**: gleiches Rezept, aber mit einer Mehlschwitze gebunden.

Spanien
- **Gazpacho**: siehe unter kalten Suppen (Seite 228).

Polen
- **Borschtsch**: klare Rote-Bete-Suppe mit gebratenen Entenfleischstücken, Siedfleisch, Speck und Würstchen. Streifen von Gemüse und roter Bete. Mit saurer Sahne garniert.

Ungarn
- **Gulyas**: Paprikasuppe mit Rindfleischwürfeln, Zwiebeln, Tomaten-, Paprika- und Kartoffelwürfeln. Mit Knoblauch, Kümmel und Zitronenschale gewürzt.

Indien
- **Mulligatawny Soup**: Geflügel-Curry-Cremesuppe mit Reis und Geflügelfleischstreifen als Einlage.

6 EIERSPEISEN

Unter über hundert verschiedenen Möglichkeiten Eier zuzubereiten werden die folgenden Gerichte oft angeboten:

- **Rührei**: zerschlagene gewürzte Eier unter mässigem Feuer in einer Stielkasserolle abrühren. Am Schluss mit Sahne oder Milch verfeinern.
- **Pochierte Eier**: ganz aufgeschlagene Eier im Essigwasser pochieren.
- **Eier im Töpfchen**: ganz aufgeschlagene Eier im Töpfchen im Wasserbad pochieren.
- **Spiegelei**: ganz aufgeschlagene Eier im Lyonerpfännchen garen.
- **Omelette**: zerschlagene Eier unter mässigem Feuer im Lyonnerpfännchen angaren und in ovale Form rollen. Muss noch etwas flüssig sein.
- **Hartgekochte Eier**: ganze Eier rund 8 min kochen und von der Schale trennen.
- **Gebackene Eier**: ganz aufgeschlagene Eier schwimmend gebacken. Eigelb muss noch weich sein.

7 FISCH

Fische sind eine wichtige proteinhaltige Nahrungsquelle und leben in Süss-, Salz- oder Brackwasser. Sie werden nach Herkunft, Körperform, Fettgehalt, Qualität sowie zoologisch unterschieden.

Süsswasserfische	Salzwasserfische
Forelle	Seezunge
Felchen	Flunder
Saibling/Rötel	Heilbutt
Äsche	Rotzunge
Egli/Barsch	Seeteufel
Zander	Hering
Hecht	Makrele
Karpfen	Thunfisch
	Dorsch
	Hai

Zudem gibt es anadrome Fische, die aus dem Meer ins Süsswasser wandern, um dort zu laichen (Lachs), und katadrome Fische, die im Süsswasser leben und zum Laichen ins Meer wandern (Flussaal).

Wanderfische

	Aal laichen im Salz-, leben im Süsswasser
	Stör laichen im Süss-, leben im Salzwasser
	Lachs laichen im Süss-, leben im Salzwasser

Körperformen

- **Rundfische** sind Fische, die im Querschnitt rund oder keilförmig sind und über zwei Filets verfügen (Egli, Forelle usw.).
- **Plattfische** sind flach und verfügen in der Regel über vier Filets.

Fische eignen sich für viele Zubereitungsarten. Oft anzutreffen sind:
- **Frittiert**: leicht im Mehl gewendet oder durch den Backteig gezogen und schwimmend gebacken. Beispiele:
  - Orly – mit Tomatensauce
  - Colbert – panierte ganze Seezunge mit Colbert-Butter gefüllt
- **Meuniere/Sautiert**: leicht im Mehl gewendet und in der Lyonerpfanne in Butter schnell gebraten. Beispiele:
  - Grenobler Art – mit Kapern und Zitronenwürfeln
  - Prince Murat – mit Kartoffelkugeln und Artischockenböden
- **Grilliert**: auf dem heissen Grill/in der Grillpfanne zeichnen und garen. Beispiel:
  - Maître d'hotel – ganz grillierter Fisch mit Kräuterbutter

- **Pochiert**: in einem Fischsud mit Weisswein und Schalotten bei schwacher Hitze gegart. Beispiele:
  - Zuger Art – mit Weisswein-Kräutersauce
  - Marguery – mit Weissweinsauce, Miesmuscheln und Krevetten
  - Dugléré – mit Weissweinsauce und Tomatenwürfeln
  - Blau – meist ganze Forelle in Fischsud mit Weisswein, Gemüsestreifen und Essig, separat geschmolzene Butter

Ein bekanntes Nebenprodukt von einigen Fischen sind die Fischeier. Der bekannteste Vertreter ist der Kaviar. Kaviar ist der roh präparierte und gesalzene Fischrogen vom Stör. Je nach Störart, Herstellungsart und Land unterscheiden sich der Geschmack und der Preis. Als günstige, aber nicht zu vergleichende Alternative gibt es auch Lachs- oder Forellenrogen.

Kaviar

Stör

- Beluga (grobkörnig/wertvoll/teuer)
- Osietra (mittleres Korn)
- Sevruga (kleinstes Korn)
- Malossol (leicht gesalzen)
- Herkunft: Russland, Iran

8 KRUSTENTIERE UND WEICHTIERE

Die meisten Krusten- und Weichtiere werden für Cocktails, Suppen, Medaillons, Salate oder ganz gegessen. Eine Ausnahme ist die Auster, die meist im rohen Zustand genossen wird.

Weichtiere		Krustentiere	
	Austern		Krevetten (Cocktail, grilliert)
	Miesmuschel (z. B. Seemannsart)		Flusskrebs (z. B. im Sud)
	Jakobsmuschel (z. B. gratiniert)		Kaisergranat/ Scampo (z. B. grillierte Scampi)
	Vongole (Spaghetti Vongole)		Hummer
	Oktopus (z. B. im Meeresfrüchtesalat)		Languste (z. B. Medaillons)
	Tintenfisch/ Calamares (frittierte Sepia)		Königskrabbe (Cocktail)
	Schnecken (mit Kräuterbutter)		

9 MEHLSPEISEN, NUDELN UND REIS

Nudeln

Hierzu gehören Spaghetti, Bandnudeln, Penne, Hörnli usw., die im Salzwasser gekocht und als Beilage oder vollwertiges Gericht gegessen werden.

Bekannte Ableitungen sind:
- **Napoli**: an einer Tomatensauce
- **Bolognese**: an einer Fleischsauce aus gehacktem Rindfleisch
- **Carbonara**: an einer Sahnesauce mit Speck und mit Eigelb gebunden
- **Mailänder Art**: mit Reibkäse und Butter gratiniert
- **Aglio olio e Peperoncino**: mit Knoblauch, Olivenöl und Peperoncini
- **Pesto**: kalte Sauce aus gehackten Pinienkernen, Parmesan, Basilikum, Olivenöl und Gewürzen

Gefüllte Nudeln

Hierzu gehören Cannelloni, Lasagne, Ravioli, Tortellini usw.

Mehlspeisen

Hierzu gehören Gnocchi, Pizokel usw. Bekannte Ableitungen von Gnocchi sind:
- **Gnocci-Parisienne**: aus Mehl, Eiern und Milch (Brandteig)
- **Gnocci-Piemontaise**: aus Kartoffeln, Eiern und etwas Mehl
- **Gnocci-Romaine**: aus Griess, Eiern und Milch

Reis

Hierzu gehören Reis, Risotto, Parfümreis wie Basmati, wilder Reis usw. Bekannte Ableitungen sind:

- **Trockenreis/Créole**: Langkornreis weich gekocht
- **Pilaw**: Langkornreis in Butter mit Zwiebeln angedünstet und in leichter Bouillon weich gegart
- **Risotto**: Rundkornreis in Butter mit Zwiebeln angedünstet und unter ständigem Rühren und Beigabe von Bouillon weich gegart. Am Schluss mit Butter und Parmesankäse und evtl. Weisswein binden.
  - Risotto Milanese – mit Safran
  - Steinpilzrisotto – mit frischen Steinpilzen

10 KARTOFFELN – SCHNITTARTEN

Für die Kartoffelgerichte werden die folgenden Schnittarten angewendet:

Schnittarten Hand

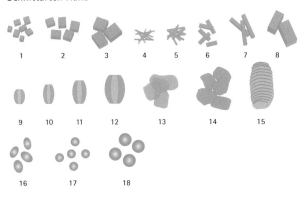

Schnittarten Maschine

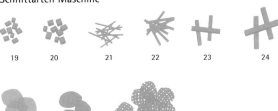

Kartoffelgerichte

Gegarte, gesottene und gedämpfte Kartoffeln

Salzkartoffeln (11)	Pommes de terre nature
Pellkartoffeln/Schalenkartoffeln/Gschwellti	Pommes de terre en robe des champs
Salzkartoffeln mit Kräutern (11)	Pommes de terre aux fines herbes
Schmelzkartoffeln, in Bouillon gedämpfte Kartoffeln (12)	Pommes de terre fondantes

Kartoffelmassen

Duchesse- oder Krokettenmasse	Trockenes Kartoffelpüree mit Gewürzen und Eigelb vermischt
Brandteig-Masse	Wasser, Weissmehl, Butter, Eier, Salz und Gewürze
Dauphine-Masse	$1/3$ Brandteigmasse und $2/3$ passierte Kartoffeln

Gebratene Kartoffeln

Scheiben	Bäckerinkartoffeln mit Zwiebeln	Pommes de terre boulangère
Würfel	Gebratene Kartoffelwürfel (1) Kleine Würfel (19, 20)	Pommes de terre Parmentier
	Bratkartoffeln (2)	Pommes de terre rissolées
	Maxime-Kartoffeln (3)	Pommes de terre Maxime
Tourniert oder ausgestochen	Olivenkartoffeln (16)	Pommes de terre olivettes
	Schlosskartoffeln (10)	Pommes de terre château
	Haselnusskartoffeln (17)	Pommes de terre noisettes
	Gebratene Kartoffelkugeln (18)	Pommes de terre parisienne
	Knoblauchkartoffeln (9)	Pommes de terre en gousse d'ail

Geröstete Kartoffeln

Scheiben	Lyoner Kartoffeln mit Zwiebeln	Pommes de terre lyonnaise
Geraffelt	Berner Rösti	Rösti bernoise
Aus Kartoffelmasse	Kartoffelgaletten	Galettes de pommes de terre

Frittierte Kartoffeln

Scheiben	Pommes Chips (13, 25)	Pommes chips
	Waffelkartoffeln (27)	Pommes de terre gaufrettes
Stäbchen	Strohkartoffeln (4, 21)	Pommes de terre paille
	Streichholzkartoffeln (5, 22)	Pommes de terre allumettes
	Frittierte Kartoffelstäbchen (6)	Pommes de terre mignonnettes
	Pommes frites (7, 23, 24)	Pommes frites
	Frittierte Kartoffelstäbe (8)	Pommes de terre pont-neuf
Aus Kartoffelmasse	Frittierte Kartoffelkrapfen mit Käse	Pommes de terre Lorette
	Frittierte Mandelkartoffelkugeln	Pommes de terre Berny
	Frittierte Kartoffelkugeln	Pommes de terre St. Florentin
	Birnenkartoffeln	Pommes de terre Williams
	Kartoffelkroketten	Pommes de terre croquettes
	Frittierte Kartoffelkrapfen	Pommes de terre dauphine

Gratinierte Kartoffeln

Gratinierte Kartoffelscheiben (15)	In Scheiben geschnitten, in Bouillon gegart, mit Käse überbacken	Pommes de terre avoyarde
Gratinierte Kartoffeln Dauphiné (14, 26)	In Scheiben geschnitten, in Milch und Sahne gegart, mit Käse überbacken	Gratin dauphinois
Gratiniertes Kartoffelpüree	Kartoffelpüree, auf Blech dressiert, mit Käse überbacken	Pommes de terre Mont-d'Or

Pürierte Kartoffeln

Kartoffelpüree/ Kartoffelstock		Purée de pommes de terre
Kartoffelstock mit Sahne		Pommes de terre mousseline
Gebackene Kartoffelrosetten	Passierte Kartoffeln, mit Ei vermengen, auf ein Blech dressieren, im Ofen gebacken	Pommes de terre duchesse

Im Ofen gebackene Kartoffeln

Ofenkartoffeln (baked potatoes)	Im Ofen gebackene Schalenkartoffeln	Pommes de terre au four
Anna-Kartoffeln	In eine Form geschichtet, mit Butter im Ofen gebacken, gestürzt	Pommes de terre Anna
Voisin-Kartoffeln/ Anna-Kartoffeln mit Käse	Wie Anna-Kartoffeln, jedoch mit Käse zwischen den Schichten	Pommes de terre voisin

11 SCHLACHTFLEISCH

Rind

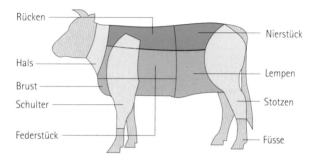

Bekannte Garnituren/Gerichte zu Rindfleisch:
- **À la Bordelaise**: mit Markscheiben garniert und Sauce Bordelaise dazu
- **Burgunder Art**: in Rotweinsauce mit Perlzwiebeln, Speck und Champignons
- **Aux Champignon**: mit Champignons und Sauce Chasseur
- **Café de Paris**: mit Kräuterbutter
- **Forestière**: Morcheln oder Steinpilze und Speckwürfel, Pommes Parmentier und Sauce Madères
- **Helder**: halbierte Tomate mit deren Würfeln und Sauce Béarnaise gefüllt, dazu Pariser Kartoffeln
- **Maître d'hôtel**: mit Beurre Maître d'hôtel belegt und Jus separat
- **Provencale**: mit Tomaten, Champignons, Oliven und Sardellenfilets
- **Rossini**: mit Gänseleber- und Trüffelscheibe belegt und Sauce Madères
- **Stroganow**: an einer Paprikasahnesauce mit Streifen von Paprika, Gewürzgurken, Zwiebeln und Champignonköpfen

- **Tyrolienne**: mit gebackenen Zwiebelringen und Tomatenwürfeln, Jus separat
- **Wellington**: Rindsfilet im Teig mit einer Füllung von Champignons und Kräutern gebacken, Rotweinsauce separat

Kalb

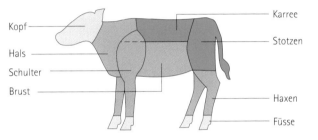

Bekannte Garnituren/Gerichte zu Kalbfleisch:
- **À l'anglaise**: paniert und mit Schinkenstreifen belegt, Jus separat
- **Argenteuil**: mit Spargelspitzen belegt und Nusskartoffeln umlegt, Jus separat
- **Bonne femme**: Perlzwiebeln, Karotten, Champignons und Speckscheiben
- **Cordon Bleu**: Kalbsschnitzel mit Käse und Schinken gefüllt und paniert
- **Holstein**: Kalbsschnitzel mit einem Spiegelei garniert und Sardellenfilets
- **Pojarski**: gehacktes Kalbfleisch mit Sahne und Gewürzen zum Kotelett geformt und gebraten
- **Paillard**: hauchdünn geklopftes Kalbsschnitzel
- **Ossobuco cremolata**: Kalbshaxe in Rotwein geschmort mit gehackten Zitronen, Petersilie und Knoblauch garniert
- **Piccata alla Milanese**: Kalbsschnitzel im Ei-Käsemantel mit Streifen von Schinken, Zunge und Champignons
- **Saltimbocca alla Romana**: Kalbsschnitzel mit Salbei und Rohschinken umlegt, Sauce Madère separat

- **Wiener Schnitzel**: Kalbsschnitzel paniert mit Zitronenscheibe, Sardellenring und Kapern garniert
- **Zürcher Art**: geschnetzeltes Kalbsfleisch an Sahnesauce mit Champignons, teilweise noch mit Kalbsnieren

Schwein

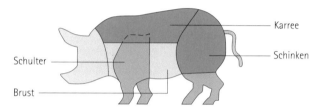

Bekannte Garnituren/Gerichte zu Schweinefleisch:
- **Calvados**: mit gedämpften Apfelstücken und Calvados-Sauce separat
- **Robert**: an Senfsauce
- **Szegediner**: Paprika-Gulasch auf Sauerkraut mit saurer Sahne
- **Walliser Art**: mit Tomatenwürfeln, teilweise mit überbackenem Raclettkäse
- **Zingara**: an einer Sauce Zingara

Lamm

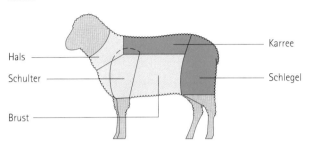

Bekannte Garnituren/Gerichte zu Lammfleisch:
- **Italienne**: mit Artischockenvierteln und Sauce Italienne
- **Irish Stew**: Hammelragout gekocht mit Kohl und Kartoffeln
- **Lyonnaise**: mit gerösteten Zwiebeln und Kartoffelscheiben umlegt, Jus separat
- **Provencale**: mit Champignons Duxelles gefüllte gedämpfte Tomaten

Wild

Haarwild

	Hase
	Wildschwein
	Steinbock
	Hirsch
	Gämse
	Reh

Federwild

	Fasan
	Rebhuhn
	Schnepfe
	Wachtel
	Wildente

Bekannte Garnituren/Gerichte zu Wild:
- **Baden Baden**: pochierte halbe Birnen gefüllt mit Preiselbeeren
- **Mirza**: halbierte pochierte Äpfel gefüllt mit Johannisbeergelee

12 NATIONALGERICHTE

Der Ursprung von einem Nationalgericht lässt sich nicht ganz einfach einem Land zuordnen. Mit den Völkerwanderungen früherer Zeiten sind auch Lebensmittel und Speisen in weiteren Gebieten bekannt geworden. Auch die Küchenrezepte wanderten mit, sodass es bei vielen Rezepten nicht mehr möglich ist, sie einem eindeutigen Ursprungsland zuzuordnen. Die Namen der Nationalgerichte werden normalerweise in ihrer ursprünglichen Sprache geschrieben und nicht übersetzt. Um Unklarheiten und Missverständnisse zu vermeiden, sollte anschliessend an die Originalbezeichnung eine Erklärung folgen.

SCHWEIZ

Kanton	Bezeichnung	Zutaten
Aargau	Aargauer Rüeblitorte	Karotten, Mehl, Eier und Mandeln
Bern	Berner Platte	Siedfleisch, Speck, Rippli (Schweinerippchen), Wädli (Eisbein), Zungenwurst, Markbeine auf Bohnen oder Sauerkraut
	Rösti	Gekochte, geraffelte Kartoffeln in Butter geröstet
Glarus	Glarner Schabzigernocken	Überbackene Klösse aus Mehl und Kartoffeln mit Schabziger, Bröseln und Butter
Graubünden	Capuns	Mit Teigmasse und Dauerwurstwürfelchen gefüllte und überbackene Mangoldblätter
	Maluns	Mit Mehl angerichtete gekochte und geraffelte Kartoffeln, knusprig geröstet

Kanton	Bezeichnung	Zutaten
Graubünden	Bündner Gerstensuppe	Gerste, Gemüse, Bündnerfleisch
Luzern	Luzerner Chügelipastete	Brätklösschen (Brätchügeli) mit hellbrauner Sauce und Weinbeeren in Blätterteig
Nidwalden/ Innerschweiz	Älpler-Magronen	Makkaroni und Kartoffelwürfel mit geriebenem Käse, Milch oder Sahne und Zwiebelschwitze
St. Gallen	St. Galler Kalbsbratwurst	Grosse Kalbsbratwurst aus St. Gallen
Schaffhausen	Schaffhauser Bölletünne	Zwiebelkuchen
Tessin	Polenta e coniglio	Grobkörniger Mais mit Kaninchengulasch
	Busecca ticinese	Kuttelsuppe
Thurgau	Thurgauer Mostcreme	Süssmostcreme
Uri	Urner Kabisfleisch	Eintopf aus Schaffleisch und Kohl (Hafechabis)
Waadt	Papet vaudois	Lauchgemüse mit Kartoffeln und Saucisson (geräucherte Schweinswurst aus dem Waadtland)
Zürich	Kalbsgeschnetzeltes Zürcher Art	Geschnetzeltes Kalbfleisch mit Sahnesauce und Champignons
Zug	Zuger Kirschtorte	Japonnaisboden mit kirschgetränktem Biscuit

FRANKREICH

Bezeichnung	Zutaten
Boeuf bourguignon	In Burgunder Rotwein geschmorter Rindsbraten
Choucroute alsacienne	Sauerkraut mit verschiedenen Fleischsorten
Coq au vin	In Wein geschmorter Hahn
Quiche Lorraine	Käsekuchen mit Zwiebeln und Speck

DEUTSCHLAND

Bezeichnung	Zutaten
Bayerische Leberknödel	Knödel aus Leber, Brot und Zwiebeln
Eisbein mit Sauerkraut	Gepökelte Schweinshaxe
Kalbsschnitzel Holstein	Kalbsschnitzel mit Spiegelei
Kartoffelpuffer	Zu Küchlein geformte und gebratene Kartoffelmasse mit Zwiebeln
Nudelsuppe mit Huhn	Hühnersuppe mit Nudeln

ÖSTERREICH

Bezeichnung	Zutaten
Wiener Backhendl	Panierte und frittierte Hähnchenstücke mit frischer Petersilie
Wienerschnitzel	Kalbsschnitzel paniert und schwimmend gebraten
Tafelspitz mit Krensauce	Siedfleisch mit Meerrettichsauce
Kaiserschmarrn	Luftige Pfannkuchenstücke mit Rosinen und Staubzucker

ITALIEN

Bezeichnung	Zutaten
Pizzoccheri/Pizokel	Buchweizennudeln mit Kartoffeln, Gemüse und Käse
Gnocchi piemontese	Gratinierte Kartoffelnocken mit Tomatensauce
Gnocchi alla Romana	Griessnockerln
Ossobucco	Glasierte Kalbshaxentranchen
Saltimbocca	Kleines Kalbsschnitzel mit Salbei und Rohschinken
Spaghetti bolognese	Spaghetti mit Fleischsauce
Pizza napoletana	Dünner Brotteig mit Tomaten, Mozzarella, Oregano, Knoblauch
Panzanella	Salat aus weichem Brot, Gurken, Tomaten, Zwiebeln und Basilikum

SPANIEN

Bezeichnung	Zutaten
Paella valenciana	Reisgericht mit Fisch, Meeresfrüchten, Geflügel, Safran
Tortillas	Eierkuchen, meistens mit Kartoffeln
Olla podrida	Suppeneintopf mit Gemüse, Fleisch, Wurst und Geflügel

GROSSBRITANNIEN

Bezeichnung	Zutaten
Chicken Pie	Blätterteigpastete mit Huhn
Irish Stew	Gesottenes Schafsgulasch mit Gemüse
Yorkshire Pudding	Gebackene Masse aus Nierenfett, Mehl, Milch und Ei; typische Beilage zu Roastbeef

FERNER OSTEN

Bezeichnung	Zutaten
Frühlingsrollen	Mit Gemüsestreifen und Sojasprossen gefüllte und frittierte Teigrollen
Nasigoreng	Pikantes Reisgericht mit Fleisch
Bamigoreng	Pikantes Nudelgericht mit Fleisch

13 SAUCEN

Die Saucen bilden in der Gastronomie eine willkommene Ergänzung zu den Nahrungsmitteln. Sie wirken appetitanregend und verdauungsfördernd. Saucen werten die Gerichte auf. In der nachfolgenden Grafik finden Sie eine Übersicht der Saucenvielfalt und ihre Einteilung.

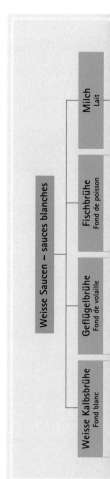

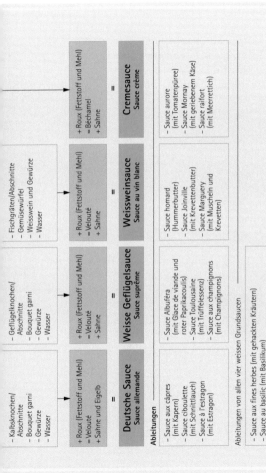

Grundzutaten			
- Kalbsknochen/ Abschnitte - Bouquet garni - Gewürze - Wasser	- Geflügelknochen/ Abschnitte - Bouquet garni - Gewürze - Wasser	- Fischgräten/Abschnitte - Gemüsewürfel - Weisswein und Gewürze - Wasser	
+ Roux (Fettstoff und Mehl) = Velouté + Sahne und Eigelb	+ Roux (Fettstoff und Mehl) = Velouté + Sahne	+ Roux (Fettstoff und Mehl) = Velouté + Sahne	+ Roux (Fettstoff und Mehl) = Béchamel + Sahne
Deutsche Sauce Sauce allemande	**Weisse Geflügelsauce** Sauce suprême	**Weissweinsauce** Sauce au vin blanc	**Cremesauce** Sauce crème

Ableitungen

- Sauce aux câpres (mit Kapern)
- Sauce ciboulette (mit Schnittlauch)
- Sauce à l'estragon (mit Estragon)

- Sauce Albuféra (mit Glace de viande und roter Paprikacoulis)
- Sauce Toulousaine (mit Trüffelessenz)
- Sauce aux champignons (mit Champignons)

- Sauce homard (Hummerbutter)
- Sauce Joinville (mit Krevettenbutter)
- Sauce Marguery (mit Muscheln und Krevetten)

- Sauce aurore (mit Tomatenpüree)
- Sauce Mornay (mit geriebenem Käse)
- Sauce raifort (mit Meerrettich)

Ableitungen von allen vier weissen Grundsaucen

- Sauce aux fines herbes (mit gehackten Kräutern)
- Sauce au basilic (mit Basilikum)
- Sauce aux cèpes (mit Steinpilzen)
- Sauce aux morilles (mit Morcheln)

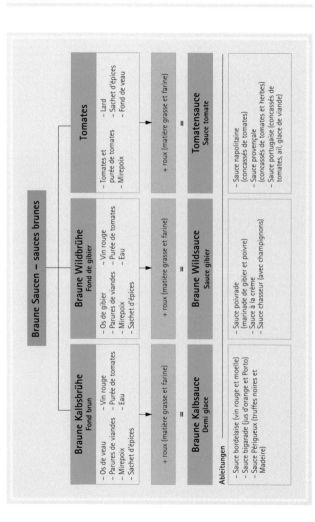

Warme Spezialsaucen	Kalte Spezialsaucen	Salatsaucen
- Apple-Sauce (Apfelsauce) - Sauce curry (Currysauce) - Horseradish (Meerrettichsauce) - Sweet and Sour (Süss-Sauer-Sauce) - Soubise (Zwiebelpüree)	- Sauce menthe (Minzsauce) - Raifort Chantilly (Meerrettichschaum) - Sauce Cumberland (Johannisbeergelee mit Portwein, Cognac, Orangen- und Zitronensaft und Zeste)	- Sauce italienne (italienische Salatsauce) mit Rotweinessig, Olivenöl, Gewürzen (nicht gebunden) - French Dressing mit Eigelb (Mayonnaise) gebundene Salatsauce - Sauce Roquefort (Roquefort Dressing) French Dressing mit Roquefort-Käse - Sauce américaine (American Dressing) French Dressing mit Kräutern und Ketchup

266 Saucen

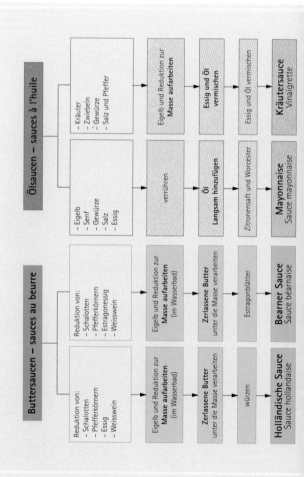

Ableitungen

- Sauce maltaise (mit Blutorangensaft und Zeste)
- Sauce mousseline (mit Schlagsahne)
- Sauce Riche (mit Kaviar)

- Sauce Choron (mit Tomatenpüree)
- Sauce Foyot (mit Glace de viande)
- Sauce Rachel (mit Tomatenpüree und Glace de viande)

Ableitungen

- Sauce rémoulade (geh. Cornichons, Kapern, Petersilie, Sardellen)
- Sauce tartare (geh. Eier, Cornichons, Kapern, Petersilie, Zwiebeln)
- Sauce aioli (Knoblauch und Schnittlauch)
- Sauce cocktail (Ketchup, Cognac)

- Sauce norvégienne (geh. Eigelb und Sardellenfilets)
- Sauce ravigote (geh. Cornichons und Kapern)
- Sauce pêcheur (geh. Krabbenfleisch)

14 SÜSSSPEISEN/DESSERTS

14.1 KÄSE

Von der Milch zum Käse

Man kann den Käse drehen und wenden, wie man will, er ist im Grunde genommen nichts anderes als geronnene Milch. Wie so viel Geniales beruht auch die Herstellung von Käse auf einem ganz einfachen Prinzip. Man trennt die feste Gallerte (solide Masse) der Milch von den flüssigen Inhaltsstoffen (Molke).

So wie beim Wein aus ein und derselben Traubenart die unterschiedlichsten Weine entstehen können, so ist es auch beim Käse. Die ungeheure Sortenvielfalt ist einerseits davon abhängig, von welchem Tier die Milch stammt und wie das Tier gefüttert wird. Andererseits führen unterschiedliche Bearbeitungsverfahren und verschiedene Reifungsarten dazu, dass aus dem immer gleichen Grundstoff Milch unendlich viele Käsesorten entstehen.

Käse ist ein Erzeugnis, das aus roher, thermisierter oder pasteurisierter Käsereimilch hergestellt und durch Lab und Säure von der Molke abgeschieden, mikrobiell verändert und je nach Art des Erzeugnisses weiterbehandelt und gereift wird.

Affinieren von Käse

«Nicht affinierter Käse ist wie ein junger Wein, der zu früh den Weg ins Glas gefunden hat.» Käse wird aus Lagergründen sehr häufig in jungem Zustand angeboten, in dem er noch nicht sein volles Aroma erreicht hat. Um den Punkt der optimalen Geschmacksentfaltung, die sogenannte «Gourmetreife» zu erreichen, bedarf er einer Nachreifung.

Beim Affinieren wird der Käse in Reifekammern oder Reifekellern gewendet und je nach Käsesorte abgerieben oder gebürstet, bis er sein typisches Aroma und den gewünschten Reifegrad erreicht hat.

FRISCHKÄSE

Frischkäse sind rindenlose, nicht gereifte Käse, die unmittelbar nach ihrer Herstellung genussfertig sind. Je höher der Fettgehalt, desto cremiger und feiner sind sie. Bei der Herstellung von Frischkäse wird pasteurisierte Milch durch das Beifügen von Milchsäurebakterien zur Gerinnung gebracht. Je nach Frischkäsesorte werden unterschiedliche Zusatzstoffe beigemischt. Farbstoffe und Konservierungsmittel sind nicht erlaubt.

Sorten: Quark, Hüttenkäse, Mozzarella, Mascarpone, Ricotta, Blanc battu
Lagerung: Die Haltbarkeit (meistens nur einige Tage) ist auf der Packung angegeben. In der Originalverpackung oder luftdicht in einem Plastikbehälter im Kühlschrank bei max. 5 °C aufbewahren
Verwendung: kalte und warme Küche, für Füllungen, Dips, Saucen, Aufläufe und Wähenguss usw., Blanc battu nur kalt verwenden

WEICHKÄSE

Für die Herstellung von Weichkäse wird meistens pasteurisierte Milch verwendet. Nach dem Beifügen des Labs wird das Käsekörner-Sirten-Gemisch nur wenig erwärmt, damit die Käsekörner weich und gross bleiben. Der Bruch wird anschliessend nur leicht gepresst bzw. man lässt ihn abtropfen.

Wir unterscheiden drei Arten von Weichkäse:

Weissschimmelkäse

Die Reifezeit beträgt nur ein bis drei Wochen. Der Teig ist geschmeidig, mit zunehmendem Alter bis fliessend. Der Geschmack ist mild und wird beim Lagern kräftiger. Die weisse Rinde kann mitgegessen werden.

Sorten: Brie suisse, Camembert suisse, Tomme
Lagerung: Gut verpackt und kühl gelagert sind sie eine Woche haltbar.
Verwendung: kalte und warme Küche

Rotschmierkäse

Während ihrer Reifezeit, die einige Wochen bis drei Monate dauert, werden diese Weichkäse mit Salzwasser gewaschen bzw. geschmiert. Sie erhalten eine bräunliche Rinde, die nicht gegessen werden sollte. Der Teig ist fein, weich und cremig. Der milde Geschmack wird mit zunehmendem Alter ausgeprägt und kräftig.

Sorten: Münster, Vacherin Mont d'Or (Okt.–März), Limburger, Reblochon
Lagerung: Gut verpackt und kühl gelagert sind sie eine Woche haltbar
Verwendung: kalte Küche

Blauschimmelkäse

Dieser Käse wurde mit Spezialschimmel geimpft und ist erst nach zwei Monaten genussreif. Blauschimmel kann ohne Gefahr genossen werden.

Sorten: Roquefort (Schafsmilch), Gorgonzola, Danablue
Lagerung: Gut verpackt und kühl gelagert sind sie eine Woche haltbar
Verwendung: kalte und warme Küche

HALBHARTKÄSE

Es gibt zwei verschiedene Halbhartkäsesorten; sie werden je nach Sorte aus pasteurisierter Milch oder Rohmilch hergestellt. Nach dem Salzbad werden die Käse je nach Sorte weiterbehandelt bzw. geschmiert. Die Reifezeit beträgt drei bis sechs Monate. Der Halbhartkäse ist leicht, fest, weichschnittig. Im Alter wird er rezenter bis pikant.

Sorten: Tilsiter, Klosterkäse, Appenzeller, Edamer, Tête de Moine, Schabziger, Raclette, Taleggio, Freiburger Vacherin, St. Paulin, Ziegenkäse, Bel Paese, Fontina, Cheddar
Lagerung: Gut verpackt und kühl gelagert sind Halbhartkäse ca. zwei Wochen haltbar.
Verwendung: Sie schmecken in der kalten und warmen Küche von der Zwischenverpflegung bis zum Dessert. Einige Spezialitäten eignen sich für Raclette und Fonduemischungen, z. B. Freiburger Vacherin, Appenzeller.

HARTKÄSE

Hartkäse wird aus frischer Rohmilch hergestellt. Nach drei Monaten ist er genussreif. Vollreif nach acht bis zehn Monaten.

Sorten: Emmentaler, Gruyère (Greyerzer), verschiedene Bergkäse
Lagerung: bis ein Jahr
Verwendung: Er ist ein sehr guter Tafelkäse. Er eignet sich für die kalte wie für die warme Küche. Auch gut als Reibkäse.

EXTRAHARTKÄSE

Für die Herstellung von Extrahartkäse wird naturbelassene Rohmilch verwendet. Konsumreif nach etwa 18 Monaten Lagerung. Vollreif ab ca. zwei Jahren.

Sorten: Sbrinz, Parmesan, Hobelkäse, Alpkäse
Lagerung: bis drei Jahre
Verwendung: Er eignet sich für die kalte wie für die warme Küche. Ideal als Reibkäse.

14.2 DESSERTS

In der Umgangssprache werden die Süssspeisen fälschlicherweise als Desserts bezeichnet. Dieser Begriff hat sich so eingebürgert, dass selbst Fachleute zur besseren Verständigung mit dem Gast das Wort Dessert anstelle von Süssspeisen verwenden. Deswegen verwenden wir hier auch das Wort Desserts als Überbegriff für alle Nachspeisen.

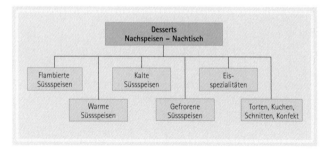

KALTE SÜSSSPEISEN – ENTREMETS FROIDS

Kalte Süssspeisen lassen sich optimal auf Tellern ausgarnieren und servieren. Sie eignen sich als Süssspeisen für Tagesmenüs, die Dessertkarte und Buffets.

Pochierte Cremen	**Crèmes pochées**
Creme katalanische Art	Crème catalane
Gestürzte Karamellcreme · Karamellköpfli · Gebrannte Creme	Crème renversée · Crème renversée au caramel · Crème brûlée

Schaumcremen – Mousses	**Mousses**
Schaumcreme mit Fruchtmark oder Fruchtsaft · Erdbeerschaumcreme	Mousse avec pulpe ou jus de fruits · Mousse aux fraises
Schaumcremes mit Eiern · Schokoladenschaumcreme	Mousses aux oeufs · Mousse au chocolat

Gestürzte Getreidepuddings	**Pouding démoulés aux céréales**
Reis Kaiserinart · mit kandierten Früchten	Riz à l'impératrice · Avec fruits confits
Griesspudding Viktoria · mit Himbeersauce umgossen	Pouding de semoule Victoria · Sauce aux framboises autour du pouding

Kalte Fruchtsüssspeisen

Kompott
· Pfirsichkompott

Früchte in Alkohol eingelegt
· Birnen in Rotwein

Fruchtsalat
· mit oder ohne Alkohol

Brandteigsüssspeisen

Windbeutel
· Windbeutel mit Creme

Krapfen
· Blitzkrapfen mit Kirschwasser

Süssspeisen mit Quark und Joghurt

Joghurtschnitte
· z. B. mit Birnen

Quarkschaum
· z. B. leichter Apfel-Zitronen-Quark

Weitere Desserts und Dessertkombinationen

Meringue mit Schlagsahne

Meringue mit Eis und Schlagsahne

Vermicelles (Kastanienpüree)

Panna cotta

Tiramisù

Entremets froids aux fruits

Compote
· Compote de pêches

Fruits pochés dans du vin
· Poires au vin rouge

Salade de fruits
· Avec ou sans alcool

Entremets à la pâte à choux

Profiteroles
· Profiteroles à la crème

Eclairs
· Eclair au Kirsch

Entremets au séré et yaourt

Mille-feuille au yaourt
· Avec poires

Séré léger
· Aux pommes et citron

Autres desserts

Meringue Chantilly

Meringue glacée Chantilly

Vermicelles (purée de marrons)

Panna cotta

Tiramisù

WARME SÜSSSPEISEN – ENTREMETS CHAUDS

Warme Süssspeisen sind in der kalten Jahreszeit besonders beliebt. Sie dürfen auch ein wenig üppiger ausfallen als die beliebten kalten Süssspeisen, die in erster Linie erfrischen sollen.

Vanilleauflauf
- Ableitungen:
  Schokoladen, Mandel

Soufflé à la vanille
- Au chocolat, aux amandes

Likörauflauf
- mit Grand Marnier

Soufflé à la liqueur
- Au Grand Marnier

Gestürzte Puddings
- Auflaufpudding
- Frankfurter Pudding
- Pudding Diplomatenart

Poudings soufflés (démoulés)
- Pouding soufflé
- Pouding de Francfort
- Pouding diplomate

Klassische Puddings
- Englischer Griesspudding
- Brot- und Butter-Pudding
- Englischer Reispudding

Poudings classiques
- Pouding anglais à la semoule
- Pouding de pain
- Pouding anglais au riz

Teigsüssspeisen

Frittierte Teigsüssspeisen
- Apfelküchlein

Im Ofen gebackene
Teigsüssspeisen
- Apfel im Schlafrock

Charlotten
- Apfelcharlotte

Entremets à base de pâte

Entremets à base de pâte frits
- Beignets aux pommes

Entremets à base de pâte cuits
au four
- Pomme en cage

Charlottes
- Charlotte aux pommes

Teigsüssspeisen	Entremets à base de pâte
Omeletten und Pfannkuchen · Überraschungsomelett · Pfannkuchen mit Äpfeln	Omelettes et crêpes · Omelette surprise · Crêpes aux pommes
Sabayon · Sabayon mit Marsala	Sabayon · Sabayon au marsala

Weitere warme Süssspeisen	Entremets chauds variés
Orangengratin	Gratin d'oranges
Salzburger Nockerln	Noques douces salzbourgeoise
Quarkknödel	Knoedels au séré
Überbackene Himbeeren	Gratin de framboises
Gratinierte Waldbeeren	Gratin de baies des bois

FLAMBIERTE SÜSSSPEISEN – ENTREMETS FLAMBÉS

Flambieren ist wohl eine Garmethode und trotzdem keine Grundzubereitungsart. Flambieren ist eine Fertigstellungstechnik. Das heisst, dass die flambierte Speise vorher (meistens in der Küche) bereits in irgendeiner Form bearbeitet wurde. Zu dieser Regel gibt es Ausnahmen, die in Früchten wie Banane oder Erdbeere zu finden sind. Das Flambieren vor dem Gast wird auch als «Animation» angesehen.

Flambierte Süssspeisen	Entremets flambés
Pfannkuchen Suzette	Crêpes suzette
Flambierte Pfirsiche	Pêches flambées
Flambierte Bananen	Bananes flambées
Flambierte Zwetschgen in Rotwein	Prunes flambées au vin rouge

GEFRORENE SÜSSSPEISEN – ENTREMETS GLACÉS

Speiseeis und Eisspezialitäten sind sehr beliebt und gehören auf jede Dessertkarte.

Sahneeis	Glace à la crème
Verschiedene Aromen	Arômes (parfums) divers
Vanille	Vanille
Schokolade	Chocolat
Mokka	Café
Haselnuss	Noisette
Pistazien	Pistache
Zimt	Cannelle
Pralinen	Praliné
Nougat	Nougat

Früchteeis	Glace aux fruits
Verschiedene Aromen	Arômes (parfums) divers
Erdbeer	Fraise
Himbeer	Framboise
Ananas	Ananas
Brombeer	Mûre
Kokosnuss	Noix de coco

Süssspeisen/Desserts

Sorbets	Sorbets
Sorbets mit Fruchtmark, z. B. Kiwi	Sorbets avec pulpe de Kiwi
Sorbets mit Fruchtsaft, z. B. Zitrone	Sorbets avec jus de fruits

Granités	Granités

Wie Sorbets, jedoch immer körnig, damit diese an gestossenes Eis erinnern.

Halb- oder Rahmgefrorenes	Parfait glacés
Halbgefrorenes mit Grand Marnier	Parfait glacé au Grand Marnier
Rahmgefrorenes mit Anislikör	Soufflé glacé à la liqueur d'anis

Eisspezialitäten	Spécialités glacées
Eisbomben	Bombe glacée
Cassata	Cassata
Eistorte	Tourte glacée
Eisbiskuits	Biscuit glacé
Eis-Vacherin	Vacherin glacé
Eis-Omeletten	Omelette surprise (glacée)

Coupe/Eisbecher	Coupes glacées
Bananensplit	Banane split
Dänemark	Coupe Danemark
Eiskaffee	Café glacé
Helene	Coupe Hélène
Jacques	Coupe Jacques
Melba	Coupe Melba
Nesselrode	Coupe Nesselrode
Romanow	Coupe Romanov
Frappés	**Frappés**
Diverse Aromen	Arômes (parfums) divers

TORTEN, KUCHEN, SCHNITTEN UND KONFEKT

Die Abgrenzung zwischen den Bezeichnungen Torten und Kuchen kann nicht klar definiert werden. Je nach Landesgegend variieren diese Ausdrücke, und selbst in Fachbüchern findet man verschiedene Zuordnungen.

Im Französischen ist die Zuordnung eindeutig: **Tarte** ist definiert als Teigboden mit Belag (deutsch: Blechkuchen, Wähe, Kuchen, Fladen), **tourte** ist ein gedeckter Kuchen, und der Begriff **gâteau** umfasst sowohl Kuchen als auch Torten.

Konfekt oder Friandises, auch Petits fours genannt, gibt es in vielerlei Formen. Trotz der aufwendigen Herstellung ist Konfekt der krönende Abschluss eines guten Essens.

Gefüllte Torten	**Tourtes fourrés**
Schwarzwäldertorte	Tourte Forêt Noire
Zuger Kirschtorte	Tourte au kirsch de Zoug
Aprikosenquarktorte	Tourte au séré et abricots
Sachertorte	Tourte Sacher
Früchtetorten, Früchtetörtchen	**Tartes, Tartelettes aux fruits**
Erdbeertorte	Tourte aux fraises
Fruchttörtchen	Tartelettes aux fruits
Kuchen, Wähen, Fladen	**Tartes, Tourtes, Gâteaux**
Früchtekuchen mit Guss	Tarte aux fruits avec chantilly
Früchtekuchen ohne Guss	Tarte aux fruits
Cremesüssspeisen	**Entremets à la crème**
Charlotte königliche Art	Charlotte royale
Charlotte russische Art	Charlotte russe
Cremeschnitten	Mille-feuille
Konfekt	**Friandises**
Saisonales Gebäck	de saison
Schenkeli	Cuisses-dame
Anisbrötchen	Biscuit à l'anis
Mailänderli	Milanais
Zimtsterne	Etoile à la cannelle

HYGIENE

1 HYGIENEBEREICHE IN DER GASTRONOMIE

Die Einhaltung der Sauberkeit ist das A und O in allen Bereichen eines Lebensmittel verarbeitenden Betriebs. Es ist die Aufgabe der betrieblichen Führung, auf die Einhaltung der gesetzlichen Vorschriften zu achten und sie im Betrieb gewissenhaft umzusetzen. Die Mitarbeiter sind dafür entsprechend zu schulen. Lebensmittelbetriebe müssen über die nötigen Umkleideräume und Einrichtungen verfügen, damit die Mitarbeiter für ihre persönliche Hygiene sorgen können.

Persönliche Hygiene

Eine gute Körperhygiene und saubere Kleidung sind wichtige Faktoren für das Wohlbefinden des Menschen. Unser Hygienebewusstsein wurde mehr oder weniger stark durch unsere Erziehung geprägt. Daher führen wir die Pflege unserer Hygiene im Alltag wie selbstverständlich aus. Die Auffassungen über persönliche Körperpflege und Sauberkeit sind dabei sehr individuell. Da in der Gastronomie Lebensmittel verarbeitet und verkauft werden und der Betrieb lebensmittelrechtliche Konsequenzen zu tragen hat, bedarf es einer ausgeprägten Körperhygiene. Unsere Gäste können also von einem Mitarbeiter ein überdurchschnittlich gepflegtes Erscheinungsbild erwarten: eine gute Körperpflege und gepflegte Kleidung. Im Servicebereich wirken sich Mundgeruch sowie Schweissausdünstungen von Körper und Kleidung nicht gerade verkaufsfördernd auf die Gäste aus. Erhalten Gäste aufgrund von hygienischen Mängeln einen schlechten Eindruck von einem Betrieb, werden sie diesen wohl kaum mehr aufsuchen.

Körper

Die tägliche Körperreinigung durch Waschen oder Duschen mit Seife oder Duschmittel und die anschliessende Hautpflege mit einer Hautcreme gehören zum festen Morgenritual. So geht man erfrischt und sauber in den Tag. An heissen Tagen, wenn man auf der Terrasse oder im Garten eingesetzt ist, kann es vielleicht sinnvoll sein, die Reinigung nochmals zu wiederholen. Darum sollten vor allen Dingen hautschonende Pflegemittel verwendet werden.

Körperregionen, denen man besondere Beachtung schenken sollte:
- Haare, Bart
- Mund/Zähne
- Hautpflege
- Achseln
- Hände
- Intimregion/Leistengegend
- Füsse

Kleidung und Äusseres:
- Arbeitskleidung
- Kosmetik/Make-up
- Schmuck
- Tattoo
- Piercing

Bei Hautausschlägen, eitrigen Wunden, Krankheiten wie Grippe, Fieber oder Durchfall sollten Lebensmittel nie direkt berührt werden. Der Mitarbeiter sollte diese Krankheiten dem Vorgesetzten melden, damit Lebensmittelkontaminationen ausgeschlossen werden können.

Betriebliche Hygiene

Die hygienische Sauberkeit ist die Visitenkarte des Hauses. Bei der betrieblichen Hygiene handelt es sich um die Bereiche Immobilien und Mobilien. Unter Immobilien versteht man Gebäude mit ihren verschiedenen Räumlichkeiten. Die zur Lebensmittelherstellung, zur Aufbewahrung und zum Verkauf bestimmten Räume müssen in einem hygienisch einwandfreien und guten Zustand gehalten werden. Mobilien sind Einrichtungen, Maschinen, Gefässe, Apparate, Werkzeuge, Gebinde und Transportmittel in den Räumen. Da die Gastronomie ein Lebensmittel verarbeitender Betrieb ist, gelten auch hierfür strenge gesetzliche Auflagen. Sauberkeit in diesem Bereich wird vor allem optisch wahrgenommen und prägt das Erscheinungsbild des Betriebs, d. h., ob der Betrieb von den Gästen positiv wahrgenommen wird. Unsere Gäste fühlen sich nur wohl in einer gepflegten räumlichen Umgebung.

Auch hier können wir Sauberkeit nur durch geeignete Reinigungsmassnahmen erreichen. Diese werden im Kapitel Reinigung (Seite 300) ausführlich beschrieben.

Lebensmittelhygiene

Die Lebensmittelhygiene umfasst den ganzen Bereich von der Gewinnung über die Verarbeitung und Herstellung, Zubereitung, Lagerung bis zur Abgabe der Speisen und Getränke (Lebensmittel) an die Gäste. Beim Umgang mit Lebensmitteln müssen alle nötigen Massnahmen getroffen werden, dass die Lebensmittel hygienisch einwandfrei bleiben und sich nicht nachteilig verändern. Dazu dient dem Betrieb die Grundlage der «guten Herstellungspraxis».

Gute Herstellungspraxis (GHP)

Von guter Herstellungspraxis spricht man, wenn von der Warenanlieferung bis zum Verkauf der Lebensmittel gesundheitliche Gefahren reduziert oder ausgeschlossen werden können. Die Lebensmittel, die nach GHP produziert werden, enthalten keine krankmachenden Mikroorganismen. Dabei wird auf die aktive Kühlung der Lebensmittel geachtet sowie auf das Einhalten der richtigen Lagertemperaturen.

HACCP (Hazard Analysis Critical Control Points)

Erklärung:
H = Gefahr, Risiko
A = Analyse, Untersuchung
C = Kritisch im Bereich Hygiene
C = Kontrollieren, Beherrschen, Steuern, Lenken
P = Punkte, Stellen, Stufen

FACHAUSDRÜCKE

1 RESTAURATIONSFACHAUSDRÜCKE

A

- **À discrétion**: so viel, wie man möchte, z. B. Aperitif-Buffets
- **Addition**: Rechnung
- **À la carte**: Angebot nach der Speisekarte
- **À la minute**: rasch, auf Bestellung zubereitet
- **À part**: separat serviert
- **Amuse-Bouche**: mundgerecht belegtes Brötchen
- **AOC**: kontrollierte Ursprungsbezeichnung für landwirtschaftliche Produkte
- **Assorti**: assortiert, Auswahl z. B. an Früchten, Käse

B

- **Ballon**: «Einerli» für offenen Rot- oder Weisswein
- **Bouchon**: Flaschenkorken/-zapfen
- **Bouquet/Bukett**: sich entfaltende Duftstoffe, z. B. beim Wein
- **Brigade**: Mannschaft, z. B. Servicebrigade
- **Brunch**: Kombination von Frühstück und Mittagessen
- **Brut**: Geschmacksbezeichnung für trockene Schaumweine
- **Blender**: Mixer mit Mixstab

C

- **Canapé**: belegtes Brötchen
- **Catering**: Veranstaltung/Bankett ausser Haus
- **Cerealien**: aufbereitetes Getreide wie Cornflakes usw.
- **Chambrieren**: ein Getränk auf Trinktemperatur bringen
- **Chef de Rang**: verantwortliche Person einer Servicestation
- **Cloche**: Speiseglocke: Deckel für Servierplatten und Teller
- **Complet**: vollständig (menu complet: vollständiges Menü; café complet: Kaffee mit Brot, Butter und Konfitüre als kleines Frühstück)
- **Couvert**: Tafelgedeck

D
- **Dash Bottle**: Spritzflasche, um einen Spritzer in ein Mixgetränk zu geben
- **Déboucher**: entkorken
- **Découper**: schneiden, tranchieren
- **Dekantieren**: das Umschütten von einer Flasche Wein in eine Karaffe
- **Demi-sec**: Geschmacksbezeichnung für halbtrockenen Schaumwein
- **Dîner**: Abendessen
- **Doux**: Geschmacksbezeichnung für süsse Schaumweine

E
- **Entrée**: Vorspeise, Zwischengericht

F
- **Filetieren**: Zerteilen von Fisch
- **Foyer**: Eingangsbereich eines Restaurants oder Hotels
- **Frapper**: schnelles Kühlen von Getränken

G
- **Garniture**: Garnitur, Beilage, Einlage in Suppen und Saucen
- **Gästegruppen**: individuelle Bedürfnisse sind nicht bekannt
- **Gästetypen**: gewisse Bedürfnisse sind bekannt
- **Gedeck**: die je nach Ess- und Tafelkultur unterschiedlichen Utensilien zum Essen und Trinken
- **Gobelet**: fussloses Glas für Westschweizer Weissweine
- **Gourmetlöffel**: flacher, breiter Löffel, der anstelle des Fischmessers benutzt werden kann, wenn Gerichte mit Sauce serviert werden
- **Guéridon**: Anstelltisch
- **Guest-Check**: der bedruckte Rechnungsbeleg der Registrierkasse, der dem Gast übergeben wird

H
- **Hors-d'oeuvre**: kalte oder warme Vorspeise

L
- **La suite/en suite**: Bezeichnung beim Abrufen der Gänge oder des Hauptgangs

M
- **Maître d'hôtel**: Serviceleiter
- **MC**: mise en bouteille au château/Abfüllung auf dem Weingut, meist im Bordeaux
- **Menage**: Gewürzset auf dem Tisch
- **Menü**: festgelegte Reihenfolge der Speisen
- **Mise en place**: sämtliche Vorbereitungsarbeiten für einen reibungslosen Serviceablauf
- **Mixer**: zum Pürieren oder Herstellen von Getränken
- **MO**: mise d'origine/Originalabfüllung, meist im Burgund

N
- **Napperons**: Überdecktischtücher

P
- **Petit déjeuner**: Frühstück
- **Pince**: Vorlegebesteck
- **Plateau**: Serviertablett
- **Premier**: erster Gang eines Menüs

R
- **Rechaud**: Speisen- und Tellerwärmer

S

- **Serviceabläufe**: unterschiedliche Gestaltung des Service im Speisesaal, im À-la-carte-Bereich, auf der Etage, bei einem Bankett oder Catering
- **Servicearten**: Art und Weise, wie dem Gast das Gericht gereicht wird: Tellerservice, Plattenservice, Guéridonservice, Buffetservice, Service ab Wagen
- **Servicebesprechung**: kurzer Informationsaustausch (Briefing) vor dem Service
- **Serviceformen**: bestehen aus verschiedenen Servicearten und -abläufen
- **Servicestation**: eine bestimmte Anzahl Gästetische oder fest platzierte Servicearbeitstische
- **Siphon**: Trinkwasser mit Kohlensäure angereichert
- **Souper**: Abendmahlzeit zu später Stunde
- **Splitting**: ein getippter Tisch wird in der Kasse auf zwei aufgeteilt
- **Spoon**: Barlöffel
- **Strainer**: Barsieb zum Trennen von Eis oder festen Bestandteilen

T

- **Table Top**: alle auf dem Gästetisch zur Verfügung stehenden Gegenstände
- **Tischformen**: die Tischgrösse richtet sich nach dem Betriebskonzept, die Tische können je nach Anlassart in verschiedener Form zusammengestellt werden
- **Tumbler**: fussloses Becherglas für Whiskys und Mixgetränke

V

- **Vorlegebesteck**: grosse Gabel und grosser Löffel für das Schöpfen von Speisen

2 KÜCHENFACHAUSDRÜCKE

A
- **Abattis**: Abfälle von Geflügel wie Hals, Kopf, Flügel, Magen usw.
- **Annoncer**: eine Bestellung mit lauter Stimme ausrufen
- **Appareil**: fertige Masse aus verschiedenen Grundstoffen
- **Aromates**: Geschmacksträger (Gewürze usw.)
- **Arroser**: Übergiessen eines Fleischstücks
- **Assaisonner**: Würzen von Speisen

B
- **Bain-marie**: Wasserbad
- **Barder**: Geflügel oder Wild mit Speckscheiben belegen
- **Baron**: Rücken und Keule eines Lamms am Stück gebraten
- **Beurre manié**: Mehlbutter – Butter und Mehl zusammen verknetet als Bindemittel in Saucen
- **Blanchir**: kurz überwallen/aufkochen, abgiessen und erkalten
- **Bouillon**: Brühe aus Knochen, Fleisch oder Gemüse
- **Braiser**: Fleisch/Gemüse mit wenig Flüssigkeit zugedeckt schmoren lassen
- **Brider**: Binden von Fleisch, Geflügel usw.
- **Brunoise**: Gemüse in kleine Würfel geschnitten

C
- **Caramel**: gebrannter Zucker
- **Carcasse**: Knochengerüst des Geflügels
- **Chemiser**: eine Form mit Gelee ausgiessen
- **Chiffonade**: Sauerampfer/Lattich oder Kopfsalat in Streifen geschnitten
- **Clarifier**: eine Flüssigkeit klären
- **Concasser**: in Würfel geschnittene Tomaten
- **Coulis**: dickflüssige Saucen aus Früchten, Gemüse usw.
- **Court-bouillon**: Fischsud mit Essig, Gemüse und Gewürzen

D

- **Darne**: Mittelstück eines grösseren Fisches
- **Déglacer**: Bratensatz mit Wein usw. ablöschen
- **Dégraisser**: Entfetten einer Brühe, Sauce usw.
- **Demi-glace**: Knochenbrühe als Grundbasis einer braunen Sauce
- **Duxelles**: gehackte Champignons

E

- **Ecumer**: Abschäumen einer Sauce, Brühe usw.
- **Emincer**: in feine Scheiben schneiden
- **Entrée**: erste Platte in einem Menü oder heute auch Vorspeise in einem À-la-carte-Restaurant
- **Escalopes**: dünnes Schnitzel von Fleisch oder Fisch
- **Etuver**: zugedeckt dünsten

F

- **Faisander**: Abhängenlassen von Wild und Wildgeflügel
- **Farcir**: Füllen von Fleisch usw.
- **Fond**: Grundbrühe für Suppen usw.
- **Frapper**: Kühlen oder Eisen von Flüssigkeiten oder Geräten
- **Frire**: schwimmend in Fett oder Öl backen
- **Friture**: Gerät oder Behälter zum schwimmend backen
- **Fumer**: Räuchern von Fleisch oder Fisch
- **Fumet**: Essenz von Fisch oder Wild

G

- **Garnir**: Beilagen von Gerichten
- **Glace de viande**: eingedickte Fleischessenz oder Extrakt, meist aus einer eingedickten Demi-glace hergestellt
- **Gratiner**: ein Gericht im Backofen oder Salamander überbacken
- **Grosses-pièce**: Hauptplatte des Menüs, ganzes Fleischstück, Wild oder Geflügel

H
- **Hacher**: hacken, in kleine Würfel schneiden

J
- **Julienne**: in feine Streifen geschnittenes Gemüse oder Fleisch

L
- **Larder**: Fleisch mit Spickspeck durchziehen (spicken)
- **Lier**: Binden von Flüssigkeiten wie Suppe usw.

M
- **Marinade**: Gemisch aus Gewürzen, Öl, Wein usw., um ein Fleischstück über Stunden oder Tage mürbe zu machen (marinieren)
- **Mijoter**: bei schwacher Hitze dünsten
- **Mirepoix**: Röstgemüse für die Zubereitung von Fleisch, Fonds, Suppen usw.

N
- **Napper**: Übergiessen mit der passenden Sauce

P
- **Paner**: in Paniermehl/Panierbrot
- **Parer**: Fleischstücke zurechtschneiden
- **Parfumer**: Speisen mit einer wohlriechenden Substanz abschmecken (Likör usw.)
- **Passer**: Durchsieben
- **Pocher**: bei sehr schwacher Hitze Fisch und Fleisch in Brühe oder Wasser garen
- **Poêler**: Fleisch zugedeckt im Ofen garen
- **Pulpe**: Fruchtmark

R
- **Réduire**: eine Flüssigkeit eindicken
- **Rôtir**: im Ofen oder am Spiess braten
- **Roux**: Mehlschwitze aus Butter und Fettstoff zum Binden von Saucen usw.

S
- **Salpicon**: kleine Würfel von Fleischragout, Gemüse oder Früchten
- **Sauter**: in Fettstoff kurz, aber scharf anbraten

T
- **Tampon**: Untersatz oder Sockel aus Brot, Spinat usw.
- **Tourner**: Abrunden von Gemüse und Kartoffeln durch Zurechtschneiden

Z
- **Zeste**: Orangen- oder Zitronenschalen dünn abgerieben/abgeschält

REINIGUNG

1 REINIGUNG DER WICHTIGSTEN WERKSTOFFE DER GASTRONOMIE

Werkstoffe sind Grundmaterialien, wie Chromnickelstahl, Porzellan usw., die in der Gastronomie eingesetzt werden. Diese Materialien haben spezielle Eigenschaften und müssen aus Gründen der Werterhaltung optimal gereinigt werden.

Die Reinigung wird in drei Arten unterschieden:
- **Unterhaltsreinigung** (auch laufende oder tägliche Reinigung genannt): Hier wird regelmässig in kurzen Abständen der oberflächliche Schmutz entfernt.
- **Zwischenreinigung**: Hier werden stärker haftender Schmutz, Oxidation oder Kratzer von Materialien entfernt. Der Zeitraum kann je nach Material und Verschmutzung zwischen einer Woche und drei Monaten variieren.
- **Grundreinigung**: Ist eine sehr gründliche Reinigung, die in grossen, aber regelmässigen Abständen durchgeführt wird. Diese Reinigung braucht viel Zeit und muss deshalb sehr gut organisiert werden.

SINNERSCHER KREIS

Grundsätzlich gilt, dass bei der Reinigung vier Faktoren beachtet werden müssen:
- **Temperatur**: die Wärme der Reinigungsmittel auf Wasserbasis
- **Chemie**: das richtige Reinigungsmittel
- **Zeit**: die Einwirkzeit der Reinigungsmittel
- **Mechanik**: ob Pads, Bürsten usw. zur Reinigung gebraucht werden dürfen

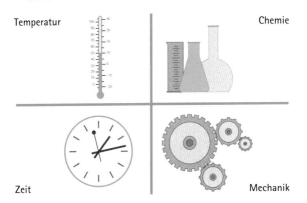

Temperatur · Chemie · Zeit · Mechanik

Chromnickelstahl

- **Eigenschaften**: Nicht magnetische Legierung aus Chrom, Nickel und Stahl. CNS 18/8 bedeutet, dass die Legierung aus 18% Chrom, 8% Nickel und 74% Stahl hergestellt wurde. Rostfrei, sehr beständig gegen Säure und geeignet für die Spülmaschine.
- **Reinigung**: Einfacher und anspruchsloser Unterhalt. Normale Unterhaltsreinigung mit der Spülmaschine. Grundreinigung mit speziellen Pasten oder Poliermaschine gegen Kratzer.

Versilberte Ware

- **Eigenschaften**: Meist CNS, das versilbert wird. Silber 90 bedeutet, dass 90 g Silber für 12 Essgabeln und 12 Esslöffel verwendet wurden. Rostfrei und sehr beständig gegen Säure. Oxidiert zusammen mit Schwefel aus der Luft und es bildet sich schwarzes Silbersulfid. Nicht für Eierspeisen, Kaviar und Früchte einsetzbar.
- **Reinigung**: Normale Unterhaltsreinigung. Zwischenreinigung mit Silber-Reinigungspasten/-tauchbädern/-tüchern oder mit Alufolie, Salz und heissem Wasser. Grundreinigung mit einer Poliermaschine, die Waren aufpoliert.

Porzellan

- **Eigenschaften**: Produkt, das aus Ton, Feldspat und Quarz gebrannt wird. Hotelporzellan ist höher gebrannt und mit einem verstärkten Rand ausgestattet.
- **Reinigung**: Einfacher und anspruchsloser Unterhalt. Normale Unterhaltsreinigung mit der Spülmaschine. Zwischenreinigung zur Entfernung von Stärke- und Eiweissrückständen mit Tauchreiniger. Grundreinigung zur Entfernung von Metallabrieb in Tassen und auf Tellern mit Glaskeramikreiniger.

Glas

- **Eigenschaften**: Meist aus Quarzsand, Kalk, Soda, Pottasche und Bleioxid durch Brennen verflüssigt und anschliessend maschinell durch Blasen, Pressen, Giessen usw. oder durch Mundblasen in Form gebracht. Hat das Glas einen hohen Metalloxidanteil und einen geringen Kalkanteil, wird es «Kristallglas» genannt. Ist es feuerfest hergestellt, wird es «Parex», schwer zerbrechlich «Duralex» genannt. Glas ist zerbrechlich und anfällig auf Ablagerungen von Wasserflecken und Kalk.
- **Reinigung**: Unterhaltsreinigung in geeigneten Gläserkörben in einer Glasspülmaschine. Die Temperatur ist bei einer Glasspülmaschine tiefer. Nach dem Waschen nachpolieren von Hand – Ausnahme Osmose-Wasser.

WÄHRUNG

1 WÄHRUNGSRECHNUNGEN

Mit den heutigen Kassensystemen ist es meist möglich den aktuellen Kurs der Fremdwährung so zu programmieren, dass am Schluss auf der Abrechnung nicht nur der Betrag in Schweizer Franken, sondern auch in einer anderen Währung, z. B. in Euro steht.

Trotz der rasanten Verbreitung von Kreditkarten sind ausländische Reisende immer noch dankbar, wenn sie mit Euro oder anderen Währungen zahlen können. Aus diesem Grund müssen folgende Grundsätze beachtet werden:

1. Täglich in der Tageszeitung oder im Internet den Wechselkurs anpassen. Achtung: immer den Verkauf und nicht den Ankauf nehmen.
2. Keine Münzen, sondern nur Banknoten entgegennehmen, da die Banken keine Münzen umtauschen.
3. Endbeträge immer auf die kleinste Banknote aufrunden. Siehe Punkt 2.
4. Rückgeld wird immer in der Landeswährung (CHF) herausgegeben.
5. Kursschwankungen und ihre Aufwände im Wechselkurs berücksichtigen.

Zwei Möglichkeiten

Beispiel
Das Rechnungstotal macht CHF 95.80
Der Gast möchte mit Euro 100.00 zahlen.
Der Kurs beträgt CHF 1.30 = für Euro 100.00 erhält man CHF 130.00

Formel 1
Wert des erhaltenen Betrages Euro 100.00 x 1.30 = CHF 130.00 minus den Rechnungsbetrag von CHF 95.80 = CHF 34.20 Rückgeld

oder

Formel 2
95.80/1.30 = Euro 73.70
Der Gast zahlt Ihnen somit auf die nächste Note = Euro 75.00

Die gleiche Rechenformel kann auch für alle anderen Währungen wie Dollar oder Pfund angewendet werden.

WÖRTERVERZEICHNIS

A

À la Bordelaise	252
À-la-carte-Service	13
À l'anglaise	253
À-part-Service	14
Aargau	77
Abruzzen	122
Absinth	171
After-Dinner-Cocktails	185
Aglio olio e Peperoncino	245
Airén	128
Alentejo DOC	132
Aligoté	91
Alkoholische Gärung	48
All-Day-Cocktails	185
Alternativfragen	33
Amaretto	183
Amarone della Valpolicella	119
Amarone	56
Amerikanisches Frühstück	16
Amigne	66
Amonillado	158
Anjou-Saumur	104
AOC Gigondas	99
AOC St-Emilion	88
AOC	84
Aperitifs auf der Basis von Anis	171
Aperitifs auf der Basis von Bitter	170
Aperitifs auf der Basis von Wein	169
Appenzeller	170
Aprikosengeist	176
Apulien	122
Aquavit	178
Arabica	210
Arbeitsregeln an der Bar	184
Argenteuil	253
Argentinien	148
Armagnac	173
Aromatisierte Tees	202
Arrak	181
Arrope	158, 159
Arvine (Petite)	66
Assemblage	110
Asti Spumante	63
Aufdecken	21
Ausbau des Weins	50
Auslese	138
Ausschanktemperaturen	42
Australien	150

B

Baden Baden	256
Bailey's Original Irish Cream	183
Bairrada DOC	132
Baltasar	114
Bandola	81
Bankett-Service	14
Bar	184
Barbaresco DOCG	118
Barbera d'Alba	118
Barbera d'Asti	118

Bardolino	119
Barolo DOCG	118
Barrezepte	191
Barrique	50
Barsac AOC	88
Baselland	78
Basilikata	123
Basler Mehlsuppe	238
Beaujolais Nouveau	94
Beaujolais	90, 94
Beerenauslese (BA)	60, 138
Belegte Brötchen	231
Bénedictine	183
Beraten	28
Berufliche Grundbildung	10
Betontank	50
Betriebliche Hygiene	286
Bielersee	72
Bier	161
Bierausschank	165
Bière grenadine	168
Bière panachée	168
Biertypen	164
Blanc de Blancs	113
Blanc de Noirs	113
Blau	243
Blauburgundertraube	75
Blauschimmelkäse	270
Bolognese	245
Bondola	81
Bordeaux	85
Borschtsch	239
Botrytis-Pilz	59, 88
Bouillabaise	238
Bourbon Whiskey	180
Bowlen	185
Brände aus Pflanzen und Wurzeln	181
Brände aus stärkehaltigen Produkten	178
Brände aus Wein oder Rückständen der Weinbereitung	173
Brandy	174
Braune Saucen	264
Brouilly	95
Brunch	16
Brunello di Montalcino	122
Brut «0»	113
Brut de Brut	113
Brut	113
BSA, biologischer Säureabbau	49
Buffetservice	13
Bündner Suppe	238
Burgund	89
Burgunder Art	252
Busecca	238
Buttersaucen	266

C

Cabernet Sauvignon	66
Cachaça	182
Caesars Salat	229
Café de Paris	252
Calvados	176

Calvados	254
Campari	170
Canadian Whisky	181
Canapés	231
Cannonau	123
Caprese	229
Carbonara	245
Carpaccio	232
Catering-Service (Hauslieferung/Traiteurservice)	14
Cava aus Spanien	62
Cavas	129
Central Valley	144
Chablis	90, 93
Champagner ohne Jahrgang	113
Champagner	56, 62, 107
Champagner-Cocktails	186
Chardonnay	66, 75, 91, 109
Chartreuse	183
Chasselas (Fendant)	66
Châteauneuf-du-Pape	96, 99
Chénas	95
Chianti DOCG	121
Chiaretto	56
Chile	149
Chiroubles	95
Chromnickelstahl	302
Churchill	216
Cinsaut	155
Cinzano	169
Clairet	56
CNS	302
Cobbler	186
Cocktail	186
Cognac	174
Cointreau	183
Colbert	242
Colheita	160
Collins	186
Commune	92
Completer	77
Cordon Bleu	253
Cornalin	66
Corona	216
Côte Chalonnaise	90, 93
Côte de Brouilly	95
Côte des Bar	108
Côte des Blancs	108
Côte d'Or (Côte de Nuits und Côte de Beaune)	90, 93
Côte-Rôtie	97
Côtes-du-Rhône-Villages AOC	99
Cream Sherry	58
Cream	158
Crémant d'Alsace AOC	107
Crémant d'Alsace/Bourgogne	62
Crianza	127
Crozes-Hermitage	97
Cryoextraktion	61
Culebras	217
Cuvée Prestige	114
Cuvée	109, 110
Cynar	170

D

Dão DOC	131
Deckblätter	217
Degorgieren	112
Dekantieren	43
Demi-sec	113
Denominação d'Origem Controlada (DOC)	130
Denominación d'Origen Calificada (DOCa)	127
Denominazione di Origine Controllata e Garantita (DOCG)	117
Denominazione di Origine Controllata (DOC)	116
Destillation	172
Deutscher Landwein	137
Deutscher Tafelwein	137
Deutschland	133
Diolinoir	66
DO Navarra	128
DO Ribera del Duero	128
DOCa Rioja	128
DOCG Chianti Classico	121
DOCG Chianti Rùfina	121
DOCG-Weine	116
Dôle	67
Dom Perignon	107
Doppel-Figurado	216
Dosage	112
Douro DOC	131
Doux	113
Drambuie (E)	183
Drehverschluss	52
Dreiseenregion	72
Dugléré	243

E

Edelfäule	59
Edellikör	183
Egg-Nogg	186
Eichenholz-Chips	50
Eidg. dipl. Hôtelier/Restaurateur HF/FA	9
Eidg. dipl. RestaurationsleiterIn	9
Eier im Töpfchen	240
Eierlikör	183
Eierspeisen	240
Einbrand/Schwefeldioxid	49
Einfache Salate	229
Einfaches Grundgedeck	22
Eiswein	138
Elsass	105
Emilia Romagna	120
Empfehlen	28
Englisches Frühstück	15
Enthefen	112
Ermitage (Marsanne Blanche)	66
Erweiterte Grundgedecke	23
Estufas	159
Etagenservice	14
Extra dry	113
Extra	174
Extrahartkäse	272

F

Fancy Drink	186
Federweisser	56
Federwild	256
Figurado	216
Fino	157
Fisch	241
Flambierte Süssspeisen	276
Flaschengärung	111
Flétri-Weine	67
Fleurie	95
Föhn	77
Französischer Service	13
Frascati	124
Freiburg	72
Frischkäse	269
Frizzante	119
Frozen Drink	187
Frühstücksservice	15
Fülldosage	110
Fumé Blanc	145

G

1er Grand Cru Classé exceptionnel	88
Galliano	183
Gamaret	66
Gamay	66, 91
Gänsestopfleber (Foie gras)	233
Garmethoden	225
Garnituren/Gerichte bekannte zu Kalbfleisch	253
Garnituren/Gerichte bekannte zu Rindfleisch	252
Gästeglas	189
Gärung unterbrechen	57
Gazpacho	228, 239
Gebackene Eier	240
Gebundene Suppen	235
Gefrieren der Trauben	60
Gefrorene Süssspeisen	277
Gemischte Salate	229
Genf	70
Gepresster Tee	203
Geschlossene Fragen	32
Gewürztraminer	75, 135
Gin	178
Glas	303
Glaskorken	52
Glera	119
Glühwein	187
Gnocchi	245
Grain Noble	60, 67
Gran Reserva	127
Grand Cru	92
Grand Marnier (E)	183
Grappa	175
Graubünden	77
Graves	87
Grenobler Art	242
Griechischer Salat	229
Grog	187
Grüner Sylvaner (Johannisberg)	66

Grundgedecke	22
Grundregeln am Gästetisch	19
Grundreinigung	300
Grüner Veltliner	141
Grüntee	202
Guéridonservice	12
Gulyas	239
Gute Herstellungspraxis (GHP)	287
Gyropaletten	112

H

Haarwild	256
HACCP	287
Halbhartkäse	271
Hallau	76
Hartgekochte Eier	240
Hartkäse	271
Haut-Médoc AOC	87
Hecho a mano	217
Hefe	162
Hefeweizen	162
Heida (Paien, Savagnin Blanc)	66
Helder	252
Hermitage	97
Himbeergeist	177
Hochschulstufe	11
Höhere Berufsbildung	10
Holstein	253
Holzfässer	50
Hopfen	162
Humagne Rouge	66

I

Indicação de Proveniencia Regulamentada (IPR)	130
Indicazione Geografica Tipica (IGT)	116
Internationales À-la-carte-Grundgedeck	22
Irish Stew	255
Irish Whiskey	180
Italienne	255

J

Jahrgangschampagner	110, 111, 113
Jéroboam	114
Joven	127
Julep	187
Juliénas	95

K

Kabinett	138
Kaffee	210
Kahlua	183
Kalb	253
Kalifornien	144
Kalte Fisch- und Krustentiergerichte	231
Kalte Fleischgerichte, Pasteten und Terrinen	232
Kalte Gerichte	228
Kalte Kraftbrühe	228
Kalte Spezialsaucen	265

Kalte Suppen	228	Lamm	255
Kalte Süssspeisen	273	Languedoc-Roussillon	101
Kalte Tomatensuppe	228	Latium	125
Kalterersee	120	LBV	160
Kampanien	123	Lebensmittelhygiene	286
Kanada	146	Leichtbier	164
Kartoffelgerichte	248	Libournais	88
Kartoffeln	247	Liebfraumilch	139
Käse	268	Liköre	183
Katalonien	129	Limonade mit Aroma	198
Kaviar	243	Limonade mit Fruchtsaft	198
Kerner	135	Listrac	87
Kirsch	177	Loire-Tal	102
Klare Suppen	234	Londsdale	216
Klassische Speisefolge	222	Longdrinks	187
Koffein	204	Longfiller	216
Kohlenhydratarm	164	Lyonnaise	255
Kohlensäureimprägnierung	63		
Konfekt	279	**M**	
Kontinentales Frühstück	15	Mâconnais	90, 94
Kornkorken	52	Madeira	159
Kräuterteeaufguss	206	Magnum	114
Krustentiere	244	Mailänder Art	245
Küchenfachausdrücke	294	Maische	47
Kuchen	279	Maischeerwärmung	55
Kunststoff	52	Maischegärung	53
		Maître d'hôtel	252
L		Malaga	159
La Mancha	129	Malolaktische Gärung	49
Lager	162	Malvoisie (Pinot Gris)	66
Lagerbier	164	Malz	161
Lambrusco	120	Manzanilla	158

Maraschino	183
Marc	175
Margaux	87
Marguery	243
Marken	125
Marsala	159
Martini	169
Mediumfiller	216
Médoc AOC	87
Mehlspeisen	245
Melonenkaltschale	228
Merlot bianco	56
Merlot	80
Méthode champenoise	61, 108
Méthode traditionelle	61, 73
Méthusalem	114
Meuniere	242
Mille fanti	238
Millésimé	110, 113
Mineralwasser	195
Minestrone	238
Mirza	256
Misox	80
Mixer/Blender	190
Mixglas/Rührglas	189
Moderne und aktuelle Speisefolge	224
Montagne de Reims	108
Montepulciano d'Abruzzo	122
Morgon	95
Moscato d'Asti	118
Mosel	138

Moulin-à-Vent	95
Moulis	87
Müller-Thurgau	75, 135
Mulligatawny Soup	239
Muscat de Beaumes – de Venise	58
Muscat de Rivesaltes	58
Muscat	66

N

Nachsüssen	58
Napa Valley	144
Napoléon	174
Napoli	245
Nationalgerichte	257
Nationalsuppen	238
Naturkorken	52
Natürliche Mineralwasser	195
Nebukadnezar	114
Negroamaro	123
Nero d'Avola	123
Neue Welt	142
Neuenburg	72
Neuseeland	153
New South Wales	152
Nizza Salat	229
Noilly Prat	169
Non-Alcoholic Cocktail	188
Nördliche Rhône	96
Nudeln	245

O

Obergärige Bierhefe	162
Oberhallau	76
Obstbrand	176
Öchslegrade	47
Oeil de Perdrix	73
Offene Fragen	32
Oloroso Dulce	58
Oloroso	158
Ölsaucen	266
Omelette	240
Oregon	146
Orly	242
Orvieto	124
Ossobuco cremolata	253
Österreich	141
Ostschweiz (Deutschschweiz)	74
Oxtail clair	239
Oxtail	239

P

Paillard	253
Panatela	216
Parejo	216
Parisienne	245
Passetoutgrains	91
Pasteten	233
Pastis	171
Patent-Still-Verfahren	172
Pauillac	87
Perlan	71
Pernod	171
Persönliche Empfehlung	35
Persönliche Hygiene	284
Pessac-Léognan AOC	87
Pesto	245
Pflümli	177
Piccata alla Milanese	253
Pièce	50
Pilaw	246
Piemont	117
Piemontaise	245
Pimms's No.1 (E)	183
Pinot Blanc	66
Pinot Gris	75
Pinot Meunier	109
Pinot Noir	66, 91, 109
Pinotage	155
Pipas	159
Pisang Ambon	184
Plattenservice	12
Plattfische	242
Pojarski	253
Port	131
Portugal	130
Portwein	159
Porzellan	302
Pochierte Eier	240
Pot-Still	172
Pouilly-Fumé AC	104
Pousse-Café	188
Pre-Dinner-Cocktail	188
Premier Cru	87, 92

Premier Grands Crus Classés «A»	88	RestaurationsleiterIn mit eidg. Fachausweis	9
Primitivo	122	Rhein	139
Prince Murat	242	Rhéoboam	114
Prosecco günstige (frizzante)	63	Rhetorische Fragen	34
Prosecco	63, 119	Rhône-Tal (Côte du Rhône)	95
Provencale	252, 255	Rias Baixas	129
Provence	100	Ricard	171
		Riesling	135
Q		Rind	252
Qualitätswein bestimmter Anbaugebiete (QbA)	137	Risotto	246
		Rive Droite	88
Qualitätswein mit Prädikat (QmP)	137	Rive Gauche	87
		Robert	254
		Robusta	211
R		Robusto	216
Ramazotti	170	Romaine	245
Räuschling	75, 76	Rosé	113
Rebbauregion Frankreich	82	Roséweinherstellung	57
Rebbauregion Italien	115	Rossini	252
Rebbauregion Schweiz	64	Rotschmierkäse	270
Rebbauregion Spanien	125	Rotweinherstellung	53
Recioto	56, 59	Ruby	160
Région	92	Rueda	129
Régnié	95	Rührei	240
Reinigung	300	Rum	182
Reis	245	Rundfische	242
Reklamation	29, 30	Russischer Salat	230
Remuage	111	Rütteln	111
Remueur	112	Rüttelpult (pupitre)	112
Reserva	127	Rye Whiskey	180
Restaurationsfachfrau/mann	8		

S

Sagrantino	124
Salamansar	114
Salate diverse	230
Salate	229
Salatsaucen	265
Saltimbocca alla Romana	253
Salvagnin	69
Salzwasserfische	241
Sambuca	184
Sancerre AC	104
Sangiovese	122
Sans année	110, 113
Sardinien	123
Satigny	70
Saucen	262
Sauternes AOC	88
Sauternes	60
Schaffhausen	76
Schaumweinherstellung	61
Scheurebe	135
Schiller	56, 77
Schlachtfleisch	252
Schnittarten	247
Schnitten	279
Schottischer Whisky	179
Schwarztee	202
Schwefeldioxid	49
Schwein	254
Sec	113
Sekte aus Deutschland	63
Sélection de grains nobles	107
Servicearten von Kaffee	214
Servicearten	12
Serviceregeln	18
Sforzato	56
Shade Grown	217
Shaker	190
Sherry	129, 157
Short	188
Shortfiller	216
Silikon	52
Silvaner	135
Sinnerscher Kreis	301
Siphon	197
Sizilien	123
Soave	124
Solera-Verfahren	157
Sonoma Valley	144
Soupe à l'ognion gratinée	238
Sour	188
South Australia	152
Southern Comfort (E)	184
Sparkling Wines	63
Spätburgunder	135
Spätlese	138
Spezialbier	164
Spezialsuppen – Potages Spéciaux	237
Spiegelei	240
Spirituosen	172
Spumante	119
St-Amour	95
St-Estèphe	87

St-Julien	87	Tafelgetränke mit Milch, Molke oder Milchserum	197
St. Gallen	78		
St. Laurent	141	Tafelwasser mit Aroma	198
St. Magdalener	120	Tafelwasser mit Fruchtsaft	198
Stahltank	50	Tafelweine	83, 116, 126
Starkbier	164	Taille	109
Straight Bourbon	180	Tankgärverfahren	62
Stroganow	252	Tannin	204
Strohweine	56	Tatar	232
Südafrika	154	Tawny	160
Südamerika	147	Tee- und Aufgussspezialitäten	208
Südliche Rhône	98	Tee	199, 203
Südschweiz	79	Teeausschankarten	204
Südtirol	120	Teein	204
Südweine	157	Teesorten	201
Suggestivfragen	33	Teilfermentierter Tee	202
Sun Grown	217	Teilmaischegärung	57
Suppen	234	Tellerservice	12
Sur lie	73, 103	Tempranillo	128
Sur point	112	Tennessee Whiskey	181
Süssgetränke	197	Tequila	182
Süsswasserfische	241	Terrinen	233
Süssweinherstellung	57	Tessin	80
Suze	170	Thurgau	78
Syrah	66	Tia Maria (E)	184
Szegediner	254	Tirage	110
		Tokaji	60
T		Torten	279
Tabak	217	Toscana	121
Table-d'hôte-Service	14	Totalemente a mano	217
Tafelgetränke mit Fruchtsaft	197	Touraine	104
		Traditionelles Verfahren	61

Tragetechnik links	18
Tragetechnik rechts	19
Transvasierverfahren	63
Trentino – Alto Adige	120
Trockenbeerenauslese (TBA)	60, 138
Trockenreis/Créole	246
Trockenwaren	218
Trocknen der Trauben	59
Tyrolienne	253

U

Ultra Brut	113
Umbrien	124
Untergärige Bierhefe	162
Unterhaltsreinigung	300
USA	143

V

V.S.	174
V.S.O.P.	174
Vacqueyras	99
Vallée de la Marne	108
Valpolicella	119
VDQS	84
Vendanges tardives	107
Veneto	118
Verdeckte Fragen	34
Verhaltensgrundsätze bei Reklamationen	30
Verkauf	27, 28
Verkaufsformen	38
Verkaufstechniken	31
Versanddosage	62, 112
Versilberte Ware	302
Vichysoise	228
Victoria	152
Vin de Paille	59
Vin de Pays	83
Vin de Table	83
Vin Doux Naturel	58
Vin Santo	56
Vinho de Mesa	130
Vinho regional	130
Vino da Tavola (VDT)	116
Vino de Calidad Indicación Geográfica (IG)	126
Vino de la Tierra	126
Vino de Mesa	126
Vino de Pago	127
Vino Nobile di Montepulciano	122
Vintage Port	160
Vitello Tonnato	233
Vodka	179
Voitureservice	13
VORS	158
VOS	158

W

Waadt	68
Währungsrechnungen	306
Waldorf Salat	230
Wallis	65
Walliser Art	254

Wanderfische	242
Warme Spezialsaucen	265
Warme Süssspeisen	275
Washington State	146
Wasser	162
Weichkäse	269
Weichtiere	244
Weinherstellung	46
Weinservice	41
Weinsprache	45
Weinsteinausscheidung	49
Weisse Saucen	262
Weisser Tee	201
Weissherbst	56
Weissschimmelkäse	270
Weissweinherstellung	47
Wellington	253
Western Australien	152
White Port	160
Wiener Schnitzel	254
Williams	177
Wodka	179

X
X.O.	174

Z
Zehn Beaujolais-Crus	95
Zigarren	215
Zigarrenservice	219
Zinfandel	145
Zingara	254
Zubereitung im Gästeglas	189
Zubereitung im Mixer/Blender	190
Zubereitung im Mixglas/Rührglas	189
Zubereitung im Shaker	190
Zubereitung von Tee	203
Zuckerkonzentration in den Trauben	59
Zuger Art	243
Zuppa Pavese	238
Zürcher Art	254
Zürich	76
Züriräbe	76
Zusammengestellte Salate	229
Zweigelt	141
Zwischenreinigung	300